I0772427

JUAN RAMÓN MOLINA

PROSAS

ERANDIQUE

LITERATURA

PROSAS
Juan Ramón Molina

©Editorial Erandique
Supervisión Editorial : Óscar Flores López
Diseño de portada: Andrea Rodríguez-Lilyana Gálvez
Ilustración de portada: César Román Murillo
Administración: Tesla Rodas y Jéssica Cordero
Levantamiento de texto: Zona Creativa
Director Ejecutivo: José Azcona Bocock

Segunda edición
Tegucigalpa, Honduras-marzo de 2024

PRÓLOGO: A LA MEMORIA
DE MARIO HERNÁN RAMÍREZ

Este prólogo lo tenía que escribir don Mario Hernán Ramírez, uno de "los trece locos del Guanacaste".

Tristemente, sus quebrantos de salud —y finalmente, su fallecimiento, poco después de cumplir los 89 años— lo impidieron.

Sin embargo, hay en este prólogo una presencia tan fuerte de su espíritu, que me atrevo a decir que mi querido mentor moliniano también lo está escribiendo.

Entonces, es un prólogo escrito a cuatro manos y dos corazones; dos corazones que vibran con las letras de quien es nuestro poeta favorito.

Durante muchos años, don Mario y otros intelectuales se reunieron religiosamente, como los devotos que van los domingos a la iglesia, en un local en el barrio Guanacaste de la capital, a estudiar la obra y vida de Molina.

Aunque la muerte de varios de sus ilustres miembros puso fin a ese peculiar grupo, en el que se encontraban, entre otros, Eliseo Pérez Cadalso, Dionisio Ramos Bejarano, Marco Rolando San Martín, Juan Domingo Torres, Raúl Lanza Valeriano y la periodista (y única mujer de "los trece locos del guanacaste"), Magda Argentina Erazo, los que quedaron vivos se encargaron de pasar la antorcha del conocimiento.

Una tarde encontré una pequeña nota perdida entre las páginas interiores de diario La Tribuna que contaba que varias expertos en la poesía de Molina habían andado por Olancho, donde dieron exposiciones sobre el autor de *pesca de sirenas, la calavera del loco, a una muerta, salutación a los poetas brasileiros y el águila.*

A don Mario Hernán Ramírez lo había llamado con anterioridad en un par de ocasiones para hacerle consultas para algunos de mis reportajes periodísticos, y siempre me asombró su memoria prodigiosa, el timbre de su voz, su elegancia y buen humor.

Aquella vez tampoco vacilé en llamarlo para pedirle una cita, y al día siguiente me recibió en su casa, ubicada en la colonia San Ángel, donde me dio una cátedra sobre Molina que jamás olvidaré.

Así nació una bella amistad que duró más de una década.

Por esa razón, el libro Prosas de Juan Ramón Molina me parte el corazón en dos: por un lado, la alegría de que el público pueda obtenerlo —y leerlo— por un precio cómodo; por el otro, la tristeza de saber que no llegará a las manos de mi viejo amigo.

Don Mario, como lo escribí alguna vez, "desayunaba, almorzaba y cenaba a Molina".

Así que este prólogo es un sencillo homenaje de mi parte para quien fuera Premio Nacional de Literatura "Ramón Rosa" y Premio "Álvaro Contreras" del Colegio de Periodistas de Honduras; a su memoria; a su legado de honradez, dignidad y sabiduría.

Vale decir que respeté el estilo con el que Molina escribió sus Prosas, aunque ya haya cosas en desuso.

La publicación de Prosas de Juan Ramón Molina es posible gracias a la iniciativa desinteresada del ingeniero José Azcona Bocock de reeditar obras que nos ayuden a recuperar nuestra memoria histórica y a conocer a los grandes hombres y mujeres que le han dado prestigio al país con sus ideas.

Mi agradecimiento al acuarelista César Román Murillo, autor de la obra *Molina y las mariposas de oro* que ilustra la portada.

Y ahora… ¡Qué el cielo se llene de mil mariposas de oro!

Óscar Flores López
EDITOR

EXCÉLSIOR

Vuela siempre hacia arriba, hacia la cúspide del monte coronado de águilas, hacia la gloria de la luz. No lleves en tu garra de hierro las piltrafas de las carnes de tu enemigo: ni en tu ojo rutilante el fuego del odio que sientas por él; ni en tu pico, hecho para partir las viscosas víboras, el rastro de la sangre de su corazón. Vuela a lo alto, limpio el plumaje del limo de la ciénaga de la vida.

No seas el buitre de ningún Prometeo. No agotes jamás el hígado de los grandes encadenados en el peñón de los egoísmos sociales. No causes tormentos, ni sordas iras, ni envidias bajas, ni rivalidades ruines.

Sé generoso. Sé noble. Sé leal. Anida en los cóncavos de las montañas bíblicas; busca la compañía de los espíritus excelsos; júntate a la cuadriga de las almas superiores. Que te atraiga la nube; que tiendas el ala a la estrella de la mañana; que rompas por un éter sereno. Sube, sube, sube; y si bajas, si quieres bajar, baja prendido a la crin de los huracanes.

Vive con dignidad bajo el sol. Vuélvete a las auroras y salúdalas; vuélvete a los ocasos y salúdalos también. En tu roca no deben crearse musgos raquíticos; ni yerbas venenosas, ni cactus enconados. Abate el vuelo en las selvas clásicas y en los bosques románticos. Forma tu nido con laurel y encina.

Bebe luz a torrentes. Desde tu altura domina todos los horizontes, sigue la dirección de todos los vientos, estremécete bajo todos los soplos del cielo. Pon el oído a los rumores de la muchedumbre, a las palabras del abismo, a las voces de los espíritus. No tengas fiebres, ni insomnios, ni desesperaciones, ni desmayos, ni vértigos, ni alegrías locas, ni cóleras pasajeras.

Esto turba la serenidad grandiosa del alma y hará de ti un neurasténico, sujeto al cambio del clima, a las fases de la luna, al humor de los de- más. Hazte olímpico. Endiósate, si puedes. Depura tu miserable barro.

Porque en verdad te digo, que el que quiere ser superior, el

que aspira a subir a las encumbradas regiones del arte, el que
siente que tiene alas en los hombros, debe olvidarse de las
infinitas miserias humanas, de las injusticias de la suerte, de las
burlas del destino y debe esperar, con el ánimo del justo,
aunque el dolor le tienda su arco, la hora cierta del triunfo de la
razón, la hora de Dios; hora que ha llegado, que está llegando,
que llegará siempre, aunque los réprobos y los malvados se
multipliquen como los peces del mar y los insectos de la tierra.

COPO DE ESPUMA

Voy sobre el mar, sobre el vasto hervor oceánico, sobre el piélago bravío, cantado por todos los poetas, desde el grave y trágico Esquilo, hasta el ardiente y rebelde Byron.

Voy sobre él, de pie en la cubierta del buque de vapor, de esta gran máquina negra, aspirando con deleite la brisa salitrosa y siguiendo con la mirada melancólica el vuelo de las nubes errantes o el perpetuo desfile de las olas.

A lo lejos, medio oculta en la neblina de la tarde, mirase una costa interminable, árida, monótona. Es una costa baja sin vegetación, casi sin bahías; una costa que me hace pensar en las de los mares del norte, en los pedregosos arrecifes, en los peñascales marinos, en los escollos a flor de agua, erizados de ásperas puntas, de ángulos terribles, de vértices rudos, donde el mar se hace pedazos como una lámina de vidrio.

El cielo parece la paleta de un pintor. Todos los tintes están en él, desde el rojo subido, color de sangre, hasta el suave morado de las violetas campestres.

El azul, un azul profundo, domina en el fondo. Grandes celajes, como si fueran los jirones del opulento manto de púrpura de un rey, flotan al sur; y al occidente, sobre la infinita línea de lapislázuli del horizonte, se suspende un millar de nubes, semejando una maravillosa bandada de palomas que volaran hacia el sol, el cual se hunde, enrojecido, redondo, soberbio, lentamente, en las grandes olas palpitantes, coronadas de reflejos de plata.

Pienso en las sirenas, en los tritones, en las ondinas. Pienso en Poseidón, rey de las aguas salobres, y en Venus, maravilla de la belleza, adorada de Plutón, inc. fable mujer nacida de las purísimas espumas.

Me parece escuchar la ronca voz de los caracoles, el armonioso batir de los remos de las naves dóricas, el rumor de la brisa al hinchar las blancas velas latinas, Siento la nostalgia de un mundo muerto, y, como el dulce Musset, creo que he nacido tarde, que esta época no es la mía, que son otros mis tiempos.

Porque yo, hijo enfermo de este siglo, producto de una civilización sin ideales, fruto de un árbol ya viejo, semibárbaro del Nuevo Mundo, debí haber venido en los albores de la humanidad, en la aurora del paganismo, en la riente mañana de la Tierra, cuando Jove era fuerte con su haz de olímpicos rayos y Juno dejaba escapar de su seno divino una cascada de gotas de leche.

Entonces, oh mar, oh sol, oh viento, habría cantado en el grandioso ritmo helénico, acompañándome de la lira de tres cuerdas de Orfeo, un himno religioso y sereno, que tal vez hubiera sido propicio a los amados dioses inmortales.

LUCIÉRNAGAS

Esta noche, viendo cintilar las luciérnagas en el fondo del follaje oscuro, pensé en ti, y una oleada de vírgenes aromas y de cálidos perfumes me envolvió, trayéndome muchos recuerdos idos, recuerdos de campiñas bañadas de sol, de cafetos cuajados de jazmines, de árboles doblegándose al peso de las frutas picoteadas por los pájaros salvajes de los bosques.

Por un momento he creído escuchar la algarabía de los loros en la copa de los cacaotales, el gemido melancólico de las palomas monteses, el áspero grito de las urracas ocultas en las tupidas frondas y el rumor del espumoso torrente, donde ibas a bañarte en las frescas mañanas de mayo, sueltos los negros rizos sobre la espalda y envuelta en tu elegante bata de lino.

Por un momento he pensado en aquella sencilla y rústica quinta, medio escondida a la falda del terrible volcán, quinta donde pasamos horas tan felices, viendo desde ella ondear a lo lejos los rumorosos maizales, los rumorosos cañaverales, los rumorosos árboles de los trópicos, bajo un cielo de fuego cortado en lontananza por la brillante comba de un mar azul.

Por un momento he visto los mansos bueyes rumiando perezosamente sobre el césped; he sentido el suave olor de las yerbas chafadas y han aparecido ante mis ojos los paisajes campestres que recorrimos juntos, en aquellos dichosos días, cuando sumando tus años con los míos, apenas llegaban a cuarenta.

¡Ah, las noches estrelladas y ardientes, las hermosísimas noches de la costa, las noches en que los astros, llenos de intensa luz, se balancean armoniosamente en la bóveda celeste!

Vosotras no volveréis para mí. Habéis huido con vuestras sombras pobladas de luciérnagas, con vuestros quejumbrosos ruidos, con vuestras brisas venidas de los arbustos en flor, cubiertos de nardos de nieve, de rosas encendidas, no más encendidas que los labios inviolados de la mujer adorada.

Sólo la noche del dolor, la profunda noche del dolor me

envuelve. Es una noche inclemente y letárgica como las noches polares; una noche fría como los páramos andinos, como los témpanos de hielo, como el fondo de los sepulcros.

Sólo tú, hermana de Beatriz, hermana de Leonora, hermana de Ofelia, hermana de todas las pálidas vírgenes, de todas las doncellas dolientes, de todas las castas mártires del amor, pasas tristemente por mi tenebroso espíritu, aureolada de un nimbo de polvo de oro, envuelta en una gasa de argentina luz y esparciendo un ultraterrestre resplandor.

Sólo tú desciendes, como la adorable Espírita de Gauthier, a la obscuridad de mis pesares; desciendes a enjugar con tus áureas manos la frente de Prometeo, el cual se subleva aún, atado a una montaña de egoísmos contra la incontrastable cólera de los hados. Dejas los círculos angélicos, la gloria de la eterna paz, el mundo de las almas puras, y bajas, bajas como un soplo hasta el planeta que gira lentamente por los callados abismos.

Es entonces cuando me sublevo contra la vida, con rebeldías de ángel caído, cuando oprimo mis sienes entre las manos convulsas, cuando golpeo con mis alas el limo sobre el cual me arrastro.

Es entonces, cuando después de leer las páginas de todos los soñadores malditos, huyo desolado de mi cuarto de estudio, busco la soledad de un jardín lujurioso y salvaje y me entrego a la meditación bajo la copa de los dormidos árboles, entre cuyas ramas tiemblan las estrellas como flores de luz.

Un vago estremecimiento se cierne sobre él, como si los espíritus errantes del vacío agruparan sobre los follajes sus alas cargadas de sopor. Débiles claridades blanquean la umbría, hilos resplandecientes se prenden a los troncos y rumores imperceptibles turban la calma de la atmósfera tibia.

Una pléyade de luciérnagas, como fragmentos de un fuego fatuo, como átomos desprendidos del disco de la luna llena, como pálidas chispas errabundas, vuelan sobre los cálices entreabiertos, pueblan los naranjos florecientes de azahares, se agitan entre las enredaderas, brillan sobre las anchas hojas, caen en el musgo, se apagan y se encienden por todas partes.

Yo, acordándome de ti, acordándome de que las miré contigo, acordándome de las ardientes noches de la costa, sigo su vuelo con la mirada sin expresión de los dementes, mientras los astros pasan silenciosamente sobre mi cabeza.

¿A dónde vais, luciérnagas perdidas, efímeros insectos misteriosos, libélulas de la luz?

¿Dormís en el tierno fondo de las flores? ¿Vivís lo que viven las mariposas que parecen caídas del iris? ¿Acaso le teméis al sol y os ocultáis a la aurora bajo las matas empapadas de rocío? Volad, volad ante mis ojos cuando yo os busque en mis horas de insomnio, volad aún ante ellos. Día llegará en que celebre mis nupcias con la muerte y entonces ella no me dejará veros ni por las grietas de mi fosa. Volad aún: es la media noche de la vida.

INCÓGNITA

Pasas ante mis ojos, anegados de ensueño, como una linda serpiente, como una voluptuosa pantera virgen, derramando la sonrisa triunfal de tus labios, donde duerme la más exquisita sensualidad. De tus labios de llama hechos del más rojo lacre que muestran la perla de unos dientes finos, denunciadores de mordiscos de dolor y amor.

Así debió de sonreír Cleopatra, en la popa de su maravillosa nave de marfil y seda, al dulce son de las flautas, cuando se deslizaba sobre las aguas del Nilo. Al dulce son de las flautas griegas, en la gloria de una tarde de oro.

Así debió de sonreír la reina de Saba, sobre la giba de su blanco dromedario, en medio del rojo desierto, entre su séquito bárbaro y soberbio, resplandeciente de colores y de armas raras, cuando iba a buscar a Jerusalén las sabias caricias de Salomón.

Así debieron de sonreír las fuertes y avasalladoras beldades, para domar a los capitanes victoriosos, a los conquistadores irritados, a los jefes de las hordas nómadas.

Es la sonrisa de la carne satisfecha de su omnipotencia; la de la hembra en plena juventud y en pleno esplendor; la sonrisa despótica de Eva bajo las ramas del manzano edénico, donde se enroscaba la serpiente simbólica. Y pasas así —con la sonrisa triunfal de tus labios— envuelta en el viento de armonías que viene del quiosco, donde los músicos soplan furiosamente sus cobres.

Tu mata de cabellos es como un rosal en flor. Es como una rama de sauce. Es como un jazminero. ¡Quién pusiera el primer beso en flor en tu mata de cabellos en flor!

Tus cejas, uniéndose y confundiéndose, hechas son con el vello de los ijares de un cabritillo negro, que no ha balado aún siete mañanas. ¡Quién pusiera los dedos sobre tus cejas sombrías, los dedos expertos en la caricia!

Tu boca es sonrosada como un caracol marino. Es fresca como una gruta. Es atrayente como una cosa prohibida. ¡Quién apagara el ardor de su boca en tu boca de rosa!

Tu cuello es como el de una paloma alba, como si fuese de ámbar, como era el cuello de la Cava, de Ana Bolena, de la princesa de Lamballe. Como el cuello gentil y sutil de la princesa de Lamballe, que osaron tocar las brutales manos del populacho. Cuello de seda, cuello de lirio, cuello único, ceñido por un collar de gotas de sangre. ¡Quién besara tu cuello gentil y sutil como el de la hermosa Cava, amada y adorada del rey Rodrigo!

PROFÉTICA

Y aquella tarde, el soñador se detuvo bajo los árboles de un bosque extranjero, a saborear su amarga melancolía.

Y, es que la melancolía es el placer de los espíritus superiores, que aman la soledad y el apartamiento, y se aíslan en las muchedumbres, y guardan su alma en una torre de piedra con siete llaves de hierro, y son callados como boca sin lengua.

Y, su corazón era como una ciudad arruinada por un gran terremoto. Y, su espíritu era como un cementerio de sepulcros anónimos, cubiertos de malezas. Y, en su frente, nublada de dolor, la muerte había trazado con la uña lívida de su índice, la primera arruga.

Y, sus labios eran como un hisopo empapado en la hiel de una res enferma. Porque, huracanes de desgracia rugieron sobre su cabeza viril, y marchitaron el jardín de sus ilusiones. Y, manos torpes tiraron piedras a su pecho, forrado de siete cueros de toro, como el escudo de Ayax.

Y, la calumnia le mordió traidoramente el talón, como una víbora india pisada en la cola.

Y, esa tarde, el soñador fugitivo se detuvo bajo los árboles de un bosque extranjero a meditar.

Y, como la de un mártir, el crepúsculo orló su frente pálida de iluminado rebelde, con un nimbo de oro.

Y, él también era un mártir de su inquietud interior y de su insania dolorosa.

Y, he aquí lo que meditó en aquella hora, bajo las hojas de los árboles, ante el sol moribundo en las cúspides de los montes del poniente:

Condenado estás al martirio, oh soñador, porque tu alma obscura se iluminará con el Verbo, y en tu boca tronará una "voz del que clama en el desierto", como si rugiese un león o hablase una caverna;

Y, dejarás en las zarzas hostiles del camino los jirones de tu túnica inconsútil; Y, te perseguirán los malos, y te insultarán los perversos, y te calumniarán los réprobos; Y, nada podrán contra ti, porque tú eres más fuerte que todos, como un roble joven de la montaña, como columna de un templo, como las mandíbulas de una fiera que ha cogido su presa; Y, harás sonar sobre los malvados la trompeta de tu palabra, como grito de águila salvaje herida el ala; Y, harás vibrar sobre los malvados tu sátira implacable, como látigo de brasas o de escorpiones monteses;

Y, harás oír a los malvados tu clamor de lenguas, de tal modo que se diga: habla el mar, o ruge el viento; Y, harás sentir a los malvados el filo de tu pluma vengadora, como el de una espada sin piedad, sobre

los enemigos de tu pueblo; Y, tus dicterios caerán sobre la cabeza de los malvados, como pez hirviente, como pedrisco, como lava;

Y, harás contra los malvados una biblia de odio, con todos tus dolores, y todas tus iras, y todas tus tristezas;

Y, esa biblia tendrá versículos de oro, y versículos de plata, y versículos de hierro, y versículos de piedra, y versículos de sangre, y versículos de estiércol;

Porque llamado estás a predicar, de pueblo en pueblo, un evangelio de iracundia sublime, mas de bien y de verdad;

Porque estás ungido de una inspiración llena de tormentas y relámpagos y plagas; Porque, si pecaste alguna vez, limpio eres de toda mancha por la gracia de vidente, que se te ha concedido;

Y, no adorarás a los fuertes que se ensañan en los débiles;

Y, aborrecerás a los débiles que adoran a los fuertes, y a los poderosos de la tierra;

Y, aborrecerás a los falsos profetas, y a los apóstoles del mal;

Y, a los que adoran el becerro de oro, y bebidos de vino, cantan y tocan arpas y cítaras ante él, con las barbas ungidas de esencias y túnicas de meretrices, y en las sienes guirnaldas de mirtos y de jazmines;

Y, sobre todas las cosas, amarás la verdad, y la razón, y la justicia; Y, eso harás por la tierra, hasta que tus ojos no giren en sus cuencas, y tus carnes hiedan en la fosa.

Y, como la tiniebla venía, el vidente fijó las pupilas en el primer astro que brilló en un golfo de sombra, como un gran diamante;

Y, en la selva, llena de noche, lloró su amargura hasta el alba, porque se había hecho apóstol, e iba en pos del martirio a la más cruel de las muertes;

Y, en la cima de un monte, que bañaba de sangre el amanecer, vio un árbol como en cruz, que le reveló el fin de los pastores de almas, de los profetas vagabundos, de los Cristos mansos y humildes.

CÁNTICO DEL AMOR Y DEL DOLOR

(El Amado y la Amada, en un banco rústico, al abrigo de un manzano en flor, a la hora solemne del crepúsculo vespertino, que va aterciopelan- do las campiñas silentes.)

Ella: Desde que mis ojos te vieron, oh amado, son como dos balcones abiertos a las divinas florestas del Paraíso.

Él: Llenos están mis ojos de amenazas, como bocas de cañones de fortaleza; como fauces de leopardo hambriento, que ve un cervatillo abrevándose en un manantial. Ella. Mi alma, desde que te conocí, llenose de luz de aurora, y de perfumes, y de músicas. Florece en ella una primavera.

Él: Mi alma está más triste que torreón en ruinas, donde se lamenta el búho, más desesperado que perro hidrófobo, con picazón de sarna, perseguido a pedradas por una turba medrosa.

Ella: Mi corazón está limpio como el agua clara de un estanque, donde se refleja la tranquilidad de un cielo sin nubes.

Él: Mi corazón es como recodo de camino funesto, donde yacen, bajo montículos de piedras con cruces, muchos viajeros asesinados por ladrones.

Ella: Mis cabellos son suaves como la seda, y perfumados, y brillantes.

Él: Mis cabellos son ásperos como zarza, y muy amargos, porque están empapados de lágrimas y agua de mar.

Ella: Mi frente es suave y tersa como pétalo poderosa. Nadie la ha besado: sólo tú pondrás en ella tus labios.
Él: Mi frente está llena de arrugas por una pena mortal.

Marchita desde hace tiempo está, como la de un octogenario, como campo en el estío.

Ella: Mi nariz es armoniosa y fina, y sólo palpita con los suspiros de mi pecho, y las emanaciones de tu ser.

Él: Mi nariz es como la de una fiera en cólera. Huele vientos de campos de batalla, y emanaciones de cadáveres podridos, y olor de cementerios y pantanos.

Ella: Son mis mejillas como las de un niño: como granadas que ningún pájaro ha picoteado.

Él: Las mías, como las de anciana que lloró un año la muerte de sus hijos; aradas han sido por el dolor. Ella. Encendida es mi boca como caracol de mar; grata como sorbo de agua en el rojo desierto.

Él: Mi boca es lívida como la de un muerto; boca de leproso es, que atrae las moscas del estercolero; su lengua tiene ponzoña de dragones.

Ella: En mis oídos suena siempre como música lejana de arpas y cítaras, a la media noche. Voces de ángeles escuchan, cuando me habla tu boca.

Él: Llenos están los míos de rumores de catástrofes, y gritos de odio y lamentos de mujeres apuñaladas. Hay en ellos como aullidos de perros nocturnos, al ver, cuajados los ojos de lágrimas, terribles espectros.

Ella: Mi cuello es armonioso, y parece cincelado en el más bello jaspe. Ciñe tus brazos a mi cuello, y llévame así, bajo las ramas de los árboles.

Él: Tiene mi cuello la angustia del que está colgado de una horca, a siete codos del suelo. Mi cuello parece agarrotado por la mano de un esqueleto. Ella. Son mis brazos como hiedra amorosa que se junta al olmo: se entrelazarán con los tuyos en el tálamo, y has de creer que son cadenas de flores.

Él: Mis brazos tienen más fatiga que los de un leñador por la tarde, después de talar medio bosque: doloridos están como los del que estuviese dos soles atado a un árbol.

Ella: Como manojos de lirios empapados de gotas de la noche, así son mis manos.

Él: Crispadas están las mías, como si apretasen un puñal clavado en el corazón de un enemigo.

Ella: Mi seno es más delicioso que la vista del hogar después del destierro; más grato que la leche; más suave que el plumón de un cisne.

Él: Es mi pecho más duro que el corazón de un avaro, más áspero que el escudo de un guerrero salvaje.

Ella: De una ternura maternal está lleno mi vientre, y de azucenas, y de jazmines.

Él: Pletórico de bilis está el mío: en él se anidan víboras y sapos.

Ella: Son mis tobillos como hechos de marfil y rosa.

Él: Llagas tienen los míos, como los de un presidiario que arrastra trabajosamente su cadena.

Ella: Más ligeros son mis pies que los de una coraza, y

dignos son de posarse en un zócalo.

Él: Dejando van los míos un rastro de sangre en el camino de la vida: sus talones están llenos de espinas, y sus uñas han tropezado en todas las piedras.

Ella: Ámame, oh amado, con toda la fuerza de tu joven virilidad, y todo el ardor de tus entrañas.

Él: Aborréceme oh amada: proscrito soy del reino del placer y me espanta la atracción de las mucosas. Sea maldito el sexo por una eternidad.

Ella: Inmortalizaremos el amor.

Él: Inmortalizaremos el dolor.

Ella: Sólo el amor es eterno.

Él: Sólo es eterno el dolor.

Ella: Oh, mi amado, el amor es la vida.

Él: Oh, mi amada, el amor es la muerte.

Ella: ¿La horrible muerte?

Él: ¡La muerte! ¡La horrible muerte!

LLOVIENDO

Caía la lluvia rumorosa, cadenciosamente, entretejida con los últimos rayos de un sol de octubre. Apoyada la frente en el cristal de la ventana, veía llover como si viese llorar, escuchando a lo lejos, en las avenidas, el sordo rumor de los tranvías...

...En una esquina, en la casa de una mujer alegre, un organillo vagabundo canturreaba un aire plebeyo. Canturreaba un aire banal, melancólica, melancólicamente... Un aire populachero, de algún artista del arroyo, que tenía la tristeza de los lívidos amaneceres, un vaho de alcohol, el polvo de los arrabales extremos de las populosas metrópolis, donde debe haber agitado bailando locamente las ancas de las meretrices... Mas aquel aire, en aquella tarde llorosa, llenaba mi espíritu de la más obscura de las melancolías...

¡Cuán lejos estaba el campo florido y verde! El campo en una dulce hora vespertina, en que mil átomos de oro volasen sobre los cálices silvestres. El césped afelpado y jugoso, los arbustos con rumores de insectos; un potro huyendo en el límite del horizonte; dos bueyes tranquilos, manchados a trechos, rumiando perezosamente. Y más allá el bosque, los árboles llenos de nidos, los troncos con plétora de savia, las hondonadas cubiertas de verdor, y, en una rama, una pareja de pájaros tornasoles, chillando...

Mientras, la lluvia cala monótonamente, rumorosamente, sobre la ciudad. A lo lejos, el sordo rumor de los tranvías. Y cerca, el organillo callejero, tarareando su aire vulgar, melancólica, melancólicamente

Encendí un cigarrillo y me abandoné sobre una silla. Cerca, viéndote en un espejo antiguo estabas tú. Y tras el humo, como tras una niebla, contemplé con ojos vagos tus magníficos hombros morenos, donde se encrespaba, se alborotaba, se enroscaba tu cabellera de noche con visos de oro, como un torzal de serpientes negras de brillos metálicos.

Tenías veinte primaveras. Veinte primaveras en los ojos ávidos y espléndidos, amadores del mar, de las telas brillantes, de los cielos ardientes de astros. Veinte primaveras en el cutis de durazno, en los labios rojos como la pulpa del fruto del cactus, en los dientes de carne de coco, en tu cuello de paloma montés, en tus brazos, en tu cintura, en tu andar al modo de una cierva virgen, que busca el amor en el laberinto de las lianas y de los troncos del bosque.

Veinte primaveras que eran mías, que me trastornaban la cabeza, que me enloquecían de pasión, una pasión cálida e intermitente, mezcla de caricias enervadoras y de celos africanos.

En aquel tu cuarto pequeño, lleno de cromos y de fotografías, olvidado del mundo, pasaban mis horas negras, mis tristezas prematuras, todas las crisis de la insania dolorosa que me atormentaba.

En aquel cuarto aprendí a amar y a ser amado. Las paredes deben guardar todavía nuestros nombres, escritos con lápiz; sobre el piso deben verse las huellas de tus botines; en el aire debe haber un eco, un eco perdido de tus risas alegres, de tus besos sonoros. Allí debe oler a amor, a juventud fogosa, a primavera fecunda. Cada rincón debe tener algo, algún aroma penetrante y lánguido, un hálito poderoso de voluptuosidad juvenil, propio para desvanecer la cabeza de un inquilino decrépito...

¡Ah! He visto llover después en otros tiempos y en otros países, viendo caer, presa de un tedio horrible, el llanto de las nubes. Y entonces, soñando en un tiempo feliz que no volverá nunca, porque no volverán tus veinte años ni los míos, de súbito me ha parecido escuchar la música de un organillo callejero, que arrulló un día nuestro amor, y, vuelta de espaldas contemplándote en el espejo, ver el contorno de tus magníficos hombros morenos, donde se encrespaba, se alborotaba, se enroscaba tu cabellera con visos de oro...

MÍSTICA

En los brillantes candelabros de plata, los cirios de cera pálida formaban como un bosque armonioso, donde florecían las llamas, semejantes a rosas de fuego. El órgano sollozaba, se lamentaba, gemía larga, ronca, profundamente, enviando su música grave bajo los arcos de piedra del templo del Señor. Sobre el altar, en la eminente cúpula, en un fondo de azur constelado de astros de oro, los Padres de la Iglesia alzaban, en beatitud extática, los brazos y los ojos al cielo, en ademán de implorar al Omnipotente.

En el fondo del altar, en un círculo de querubines de rosa y de ángeles blondos, en una apoteosis de palmas de plata y de pendones místicos, en un incendio de luces y de resplandores, estaba la Virgen María, atravesado el corazón por un puñal resplandeciente; y a sus pies, en las primeras gradas de la capilla, veíanse las ofrendas, las coronas de laurel, los ramos de esmalte, todo un jardín irisado y artificial; y más abajo, sobre las frías baldosas, y más allá, bajo las arcadas, en la claridad de las grandes puertas, estaban humildemente de hinojos los ancianos creyentes, las viejas devotas, los niños y las niñas pensativos, la numerosa grey, el rebaño místico, todos los fieles a las banderas de Cristo; y por sobre esa multitud en adoración, luego que calló el órgano y que pasaron los rezos y las letanías, volaron dulcemente, alzándose a lo lejos como una bandada de alondras, los cánticos de un coro de vírgenes, cánticos claros, puros, cristalinos, que hicieron estremecerse de gozo al viejo templo católico, como si hubiesen resucitado los buenos tiempos en que la Fe terrible fortaleció las almas de los hombres!

VIENDO EL RÍO ACELHUATE

Bajo la luz de la tarde, recostado en uno de los pasamanos del puente, miro correr sus aguas turbias y cenagosas. Se arrastra sin impetuosidad entre los pedruscos, lamiendo sus orillas, donde se alzan árboles raquíticos, plantas acuáticas, malezas estrujadas por la última corriente. Es un río vergonzante, tímido y modesto, que no escandaliza la ciudad con turbulenta canturria. Y pasa en silencio, deslizándose, bajo los puentes, arrastrando las basuras de las casas vecinas, avergonzándose de su ruin papel.

¡Ah, pobre río Acelhuate! Nunca llegarán las gacelas de ojos de mujer a hundir en tus ondas sus delicados hocicos; ni en tu curso, en un remanso tranquilo, en cuyo fondo brilla la arena de oro, bajo un manto de verdura, formarás un sitio misterioso, donde se crea oír la música de las carcajadas de las ninfas de Diana; ni al mediodía, a la sombra de un árbol amigo, una garza de nieve en actitud hierática, se mirará en tus ondas de cristal.

Condenado a arrastrarte miserablemente, como una culebra entorpecida por un golpe de vara, irás bordeando la ciudad, murmurando apenas de tu suerte, insultado por los chiquillos que te escupen desde los puentes, llevándote las basuras, los andrajos, todo lo que te arrojen desde las espuertas.

Y viéndote tan abatido, tan humilde, se piensa en los grandes ríos que riegan los continentes; en las mangas de agua que descienden de las cordilleras, enronqueciendo el aire, bramando entre las márgenes que sombrean árboles corpulentos, donde cantan pájaros extravagantes y multicolores, y chillan los monos velludos y asomando entre los claros de las hojas sus caras cómicas; en los hermosos ríos cristalinos, anchos profundos, que dialogan entre las márgenes floridas, se estrechan entre las gargantas de rocas, y saltan, y forman cascadas, y vuelven a correr arrastrando su sábana de espuma.

Se piensa en el inmenso raudal del Amazonas, que va a confundir sus cóleras con las terribles murrias del Atlántico; en el Ganges, deslizándose solemnemente entre los bosques indostánicos, donde rugen los tigres reales y silban las más venenosas serpientes; en el viejo Nilo que ha acumulado en sus deltas el polvo de algunas civilizaciones difuntas; en el Orontes que arrastra árboles de canela, trozos de cedro y ramas de ciprés; en el Danubio, en el Rhin y en el Tajo; y también en el Sena, a la media noche, cuando, a los reflejos del gas, arrastra entre sus ondas, sin ruido, el lívido cadáver de algún suicida...

Y como tú, pobre Acelhuate, no eres un río de muerte, ni en tus detritus están confundidos algunos huesos humanos, al recuerdo del río parisiense, donde se han precipitado tantos locos y tantos recuerdos, pareces menos feo; y hasta se me figura que eres un lindo arroyo, "que va la yerba lamiendo", bajo los follajes de un soto aromatizado, donde se oyen arrullos de palomas.

De pronto, vienen a la memoria los versos clásicos en que habla de ti Manuel Diéguez, el melancólico poeta proscrito, que arrastró por tus orillas su nostalgia y sus dolores, turbios e indolentes como tus aguas. ¡Y un baño de dulce poesía desciende sobre ti, mientras noche aterciopela el cielo y la ciudad ilumina sus calles!

EN EL GOLFO DE FONSECA

Esa mañana había sido espléndida. Corría una brisa fresca y suave, impregnada ligeramente de yodo y salitre. Las aguas del mar tenían un color plomizo, e innumerables olillas se levantaban apenas, parecidas a las que se elevan en la superficie de un estanque, al caer las primeras gotas de una lluvia. A veces se reunían esas pequeñas olas, se hinchaban, parecían próximas a estallar; pero se sumergían luego debajo de las otras como si fueran uno de tantos monstruos cuyo dorso sobresale a intervalos en las ondulaciones de las aguas del mar.

El cielo tenía un color lechoso, un color de ópalo, suavemente bañado de rosa. En el oriente empezaba a ascender el sol; pero era un sol pálido, como visto a través de un vidrio opaco. Grandes resplandores partían de aquel foco luminoso, entre los que flotaban mil nubecillas ligeras, nacaradas, solas, impalpables, semejantes a copos de espuma o alas de ángel. Poco a poco una luz más intensa, más brillante fue disolviendo el rosado del cielo, y el sol, un sol magnifico, un sol de fuego, un sol de púrpura, apareció en el espacio, que se transformó en bruñida bóveda de plata, en convexo espejo resplandeciente.

El mar se tiñó de tonos azulados, y nuestra balandra, llevada antes a grandes golpes de remo, hinchó su vela latina y se deslizó como un gran cisne. En la popa un marinero atezado fumaba tranquilamente, recibiendo los rayos del sol en el rostro. Un delfín, oscuro y enorme, apareció a proa, meciéndose con voluptuosidad. Luego otro. Después más, hasta formar un grupo que se sumergía de súbito, saliendo después a la superficie y alejándose con lentitud en el vaivén de las ondas. La balandra, después de ganar una punta, entró los esteros, llenos de un agua tranquila, sin brillo, casi transparente. El viento, que antes aleteaba en la lona, plegó dulcemente las alas.

Los remeros inclinándose para adelante y para atrás, a un mismo tiempo, como movidos por un resorte, batían el agua, que se desgarraba, formaba pliegues rápidos, vórtices y borbollones de espuma efímera. Aquello tenía cierta armonía, estaba sujeto a un compás, era una extraña música que corría sordamente sobre las amargas aguas tranquilas. Dos pelícanos volaron sobre nuestras cabezas, lanzando dos gritos roncos, que sonaron aislados, huecos, ásperos, quedando como suspendidos en la atmósfera seca. Uno de ellos se precipitó en el agua, produjo una explosión de gotas al chocar con ella, y voló de nuevo, llevando en el pico un pez, que brilló a la luz del sol como una ascua de oro.

La balandra pasaba lentamente entre islotes poblados de manglares verdes, de un verde subido, lustroso, invariable. Al pie de los troncos se entrelazaba un bosque de raíces, de lianas, de restos vegetales, confundiéndose, amalgamándose y pudriéndose, para formar, con el eterno contacto del agua, un detritus negruzco y espeso, que se modifica en el verano, dando así asilo a las alimañas salvajes. Una bandada de palomas marinas pasó a lo lejos, cortando el horizonte.

En el fondo de aquella vegetación mórbida, en marcos de verdura, veíanse algunas garzas de color de nieve, estiradas, inmobles, como petrificadas sobre las ramas. En la copa de los manglares chillaban los loros, cantaban pájaros desconocidos, formando un concierto inarmónico, extraño, indefinible.

Presentíase que entre aquellas hojas, entre aquellos troncos, entre aquellas raíces; presentíase que sobre aquellas aguas, sobre aquel limo, sobre aquellas plantas, se agitaba una vida superabundante, magnífica y primitiva; una vida que hacía surgir de las aguas el sedimento, y del sedimento las raíces profundas, y de las raíces los manglares, y de los manglares las moscas zumbadoras de los trópicos, los insectos venenosos, armados de taladros invisibles, de sierras diminutas; y me pareció, por un momento, que aquel paisaje era de otros tiempos, de otras épocas lejanas, apenas sospechadas por los geólogos; y vi, en la imaginación, las primeras capas terrestres, los grandes helechos trémulos, los bosques de coníferas, poblados de cigarras y de grillos; adiviné la formación de nuestro planeta, las misteriosas incubaciones, los gérmenes ocultos de la vida; y un génesis profundo, sabio, inmortal, íntimo, supremo, llenó mi cerebro de luz y mi corazón de amor, haciéndome retroceder un millón de siglos, desvaneciéndome en el estremecimiento de una vida inmensa y bondadosa, hundiéndome en el océano de leche del Cosmos y obligándome a bendecir al Dios que arrojó el grano de arena al piélago marino, y el astro, otro grano de arena, al piélago infinito del vacío.

EL HIMNO DE ORIENTE

¡Oh rosa! ¡Oh mar! ¡Oh sol!

Yo había estado en uno de los florestales del trópico: bajo el exuberante y primitivo follaje, entre los venerables troncos, pletóricos de savia ardorosa. Tamizábase la luz entre los claros de las ramas, y de la tierra se desprendía un hálito penetrante y sano, que absorbían con deleite mis pulmones, acostumbrados a respirar el ambiente mefítico de la bullidora ciudad. Aleteos vigorosos sacudían las hojas, vagos estremecimientos agitaban las nidadas, y saltaban los insectos entre la yerba chafada que oprimían mis pies. Y en el vasto bosque, sobre la tierra buena y amable, entre los cardos y los cactus, como hechas de sangre, abríanse las rosas salvajes a los fuegos del sol.

Luego estuve en el mar, sobre el áspero ribazo, cubierto de mariscos y de conchas. Alzábanse las olas como senos de pezones de espuma, y un manso viento corría sobre la blanda palpitación de las potentes aguas salobres. Volaba bajo el cielo plomizo una bandada de aves, y la luz de la tarde bruñía los dorsos de las rocas enormes, disolviéndose como polvo de oro en el inmenso hervor del océano, que, sollozando profundamente, parecía huir al occidente incendiado.

Y el sol coronando aquel horizonte grandioso, iba desapareciendo en una agonía sublime. Y como la luz palidecía ya en el espacio, los dos abismos del cielo y del mar como que se quejaron con estupenda y formidable voz de órgano; y aquellos lamentos rodaron en los aires y por sobre las riberas; y las rocas vacilaron en sus pedestales de granito; y las aguas alborotadas sollozaron con angustia a mis pies. Y entonces, ante la agonía de la naturaleza doliente, sintiendo el mismo dolor que ella sentía, vino a mis labios, como una oración, el gran himno de Oriente: ¡Oh rosa! ¡Oh mar! ¡Oh sol!

DIALOGANDO CON EL AGUA

Ayer por la tarde, cayó un súbito chaparrón, lavando el cielo y la urbe calenturienta. El agua, sobre los techos, tocaba como sobre las teclas de un piano, una especie de música wagneriana, que place a los espíritus contemplativos. ¿Cuándo no gusta el rumor del líquido elemento? La orquestación de las cascadas, la voz acre del mar, la canturria del río, todo eso deleita a las almas que saben interpretar el idioma de la naturaleza.

Terminado el aguacero, las corrientes de agua monologaban por las calles, bulliciosas e inquietas, como colegialas al salir de un salón de clase.

Desde una ventana miro correr una. Enfrente, desde la suya, una fresca niña sonríe al agua del cielo. Y yo, viendo a las dos, móviles y alegres, traigo a la escena el pensar de Shakespeare: la mujer, pérfida como la onda. Y un decir de Salomón, de amarga y cruel sabiduría, como todas las ocurrencias de aquel sibarita de los sibaritas, que supo besar a las mujeres y decapitar a sus hermanos. Y algo de las divaga- clones de los Santos Padres y de varias cartas de filósofos enemigos del amor de la mujer entre los que como es lógico, están Schopenhauer y Nietzsche. Todo lo cual no vale lo que la clara risa y los amables ojos de esa fresca niña.

Pero el monólogo que va diciendo la corriente, poco a poco me sugestiona; y como sueño y fumo, y fumo y sueño, termino por ponerme al habla con ella.

Yo: Me parece que vas triste.

Ella: Sí, tengo toda la melancolía de lo que voy arrastrando: un trozo de periódico, en que se narra una horrible guerra; un billete amoroso, todo mentira; un dedal, que abandonó una Margarita por seguir a un Fausto ridículo; un décimo de la Lotería del Hospital y del Hospicio, que perdió su dueño y que ¡oh ironía! salió premiado con mil pesos; un rizo blondo de alguna pecadora; un calcetín lamentable... En fin, toda la tristeza de San Salvador...

Yo: La corriente de mi alma lleva peores cosas que tú. Cadáveres de odios y de amores, recuerdos ahogándose, ripios de ciencias y de literaturas...

Ella: El hombre para ser feliz, necesita conservar prístino el manantial del espíritu.

Yo: ¿Y cómo conservará prístino el manantial del espíritu?

Ella: No abrevándose en los pozos del mal.

Yo: ¿Del mal?

Ella: Del mal. O de lo que tú llames el bien.

Yo: No te comprendo. Por lo visto, has interpretado ya los oscuros enigmas de Enrique Ibsen y de Bjoernstjorne Bjoernson, esas esfinges escandinavas.

Ella: He arrastrado algunas de sus sentencias, Pero, en verdad te digo que una flor tiene más sapiencia que los dos. ¿Por qué? Porque tiene su fragancia.

Yo: De modo que la sabiduría consiste en dar algo de sí, aunque sea un perfume.

Ella: En dar lo que nos dio la Madre Naturaleza, no el artificio.

Yo: ¿Tiene el hombre algún perfume?

Ella: Tuvo, mas la civilización se lo robó, estrujando a tan bello animal. Hoy no huele, pero en cambio, hiede como las alcantarillas.

Yo: Me hablaste del mal. ¿Está acaso en toda la naturaleza?

Ella: No. Solamente en el hombre. Todas las cosas ambientes que le rodean son puras.

Yo: Por consiguiente, a pesar de las suciedades que arrastras, eres pura.

Ella: Traigo la pureza del cielo y mañana tornaré a él.

Yo: ¿Cómo haría para subir a ese cielo?

Ella: ¿Por qué no te construyes uno? Oye: el deber de todo hombre es hacerse un cielo.

Yo: ¡Un cielo! ¿Y a quién pondré allí?

Ella: A ti mismo.

Yo: ¿Seré, pues, el Dios de ese cielo?

Ella: Serás. Todo hombre es el Dios del cielo que se construye. Tal ha sido el secreto y la fuerza de los grandes taumaturgos, desde Buda hasta Federico Nietzsche.

La sabia corriente iba agotándose por momentos, de modo que apenas se oía su voz. Una linda mujer, vestida de negro, flexible como una víbora, la cruzó de un pequeño salto, dejando ver sus primorosos botines. Después me sonrió, arrojándome una mirada sombría. Y pasó.

Yo: ¡Qué mujer!

Ella: Es la muerte. O, por otro nombre, la Voluptuosidad.

Yo: Dime, antes de desaparecer ¿podría salvarme de ella?

Ella: Es tarde ya. Sería preciso que tu alma fuese un vivo manantial, claro como un diamante. Así te podrías convertir en nube.

Yo: ¿Que es ahora, pues? Ella. Un manantial seco. O mejor, el cauce de un manantial. Un pájaro se moriría de sed en tus orillas.

La corriente se extinguió. El cielo de la tarde en limpio. La fresca niña cerró su ventana. La calle lavada por la reciente lluvia, relucía de extremo a extremo. Y me dije: he aquí, cómo, viendo correr un a poco de agua sucia, se me ocurrieron peregrinas cosas, La imaginación es madre de la filosofía. A veces.

SOL DE OCTUBRE

No me gustas, crudo sol de verano, que bajas de los cielos incendiados como una cascada de metal fundido, y tuestas los céspedes y agotas los manantiales y los ríos, y esparces tus carbones rojos en las calles y en las plazas, y ciegas las pupilas, y quemas los labios y las gargantas.

De ti gustan las cigarras, que estridulan en las malezas agresivas, en las deslumbradoras soledades de los mediodías sin término; las lagartijas que corren rápidamente entre las hojas secas; las culebras, que se aletargan en las umbrías, cerca de las ciénagas y las moscas tornasoles, que rondan sonoramente cerca de los animales que se pudren en los estercoleros, bajo tus llamas de hoguera.

No te amo tampoco, sol de la estación lluviosa, velado casi siempre por las nubes preñadas de agua, o asomándote tímidamente -después de los recios chaparrones para ocultarte otra vez cuando la lluvia, tomando su enorme regadera, la vierte ruidosamente sobre los jardines celestes y las grandes montañas inmóviles.

A ti, amable sol de octubre, si te quiero, porque bajas suavemente a la tierra, donde corren ya los primeros vientecillos otoñales, haciendo temblar a las gentes de tierra cálida y poniendo un estremecimiento en las aguas de las fuentes.

Esta mañana vi, entre dormido y despierto, que te asomabas al umbral de mi cuarto, después de haberte perdido, hace un año, en los bulevares de una gran ciudad.

Un triste júbilo sentí en el corazón cuando me diste los buenos días, mirándome dulcemente con tus ojos verdes y sacudiendo tu abundosa cabellera de oro pálido. Esos buenos días me recordaban un pasado feliz, cuando, apenas salido de la adolescencia, tuve una novia, un ideal y un jardín de sueño.

Mi novia es hoy, según me cuentan, una obesa madre de familia, porque tuvo a bien matrimoniarse con una especie de

Sancho; mi ideal, que era una torre de marfil y oro, se vino al suelo estrepitosamente, minado por la maldad de los hombres; y, en mi jardín de sueño, tan hermoso y frondoso antes, hay ahora más cambroneras que rosas, más yerbas malignas que lirios.

Cuando salí a la calle, llenabas la ciudad con el triunfo de tu luz, dorando las cúpulas de los templos, poniendo flecos de oro en los balcones, tamizándote en los follajes de los jardines públicos. Y luego, poco a poco, te colaste en el fondo de mi corazón, llenándolo de una sana alegría de vivir, que hace mucho tiempo no conocía.

LA TEGUCIGALPA DE LOS DOMINGOS

Los domingos tegucigalpenses son un bostezo sin fin. En algo deben asemejarse a los de Londres. Por la mañana, los bronces parroquiales, sonando desapaciblemente, llaman a misa. Se ve por las calles alguna asmática, alguna niña en los floridos abriles, luciendo todos sus alfileres.

Concluida la función religiosa, los gomosos locales, verdaderos lechuguinos echados a perder, flirtean en la puerta del templo, con muecas de simio. Da ganas de suicidarse de las doce a las tres de la tarde, tal es la fúnebre desolación de las calles.

Cerrados herméticamente los almacenes, donde babeaban soñolientos, tras el mostrador, los mozos aspirantes a mercachifles, la vida comercial se estanca. Como son los últimos días de la estación seca, el paseante se expone a caer muerto sobre el empedrado, que parece, lamido por la luz cenital, un deslumbrador reguero de ascuas.

No queda más remedio que meterse a las cantinas, a beber cerveza o copas de whisky malísimo. O que colarse en el barullo de la tradicional gallera, a hacer, en una atmósfera de tabaco y macho en celo, apuestas ridículas por el melcocho o el giro. Por la noche, la faz del domingo se espiritualiza.

La juventud del día, estirada, con lo mejor de su guardarropa encima, se pasea en el Parque Morazán en rebaño, fuma detestables pitillos o plebeyos cigarros puros, haciendo la corte a muchachas, lindas, meticulosas y mal trajeadas, todo al son de los cobres de la Banda Marcial.

A las nueve y media, Tegucigalpa duerme el pesado sueño de las ciudades vegetativas. A pesar de su ligero baño de modernismo, es una población a la antigua, melancólica y bostezante y sin tráfico ni vida. Quitándole los prestigios del Gobierno, esto se convertiría en un camposanto. Faltan el ir y venir de los carruajes, el humor de los tranvías, la premura de las gente ocupadas; el susurro de la colmena humana, inquieta, y laboriosa; en fin, todo lo que da carácter a las capitales modernas, arrolladas por los rugidos de las locomotoras y máquinas de vapor.

Cuando uno llega a esta población, después de haber vivido en otro país por mucho tiempo, se atedia lastimosamente, casi se ahoga en estas calles torcidas, estrechas, gibosas y empedradas de mal humor. Pero el ambiente, letárgico y asfixiante, se cuela adentro como una pulmonía.

El repatriado concluye por echar grasa, andar con paso de plantígrado, hacerlo a todo bicho la zalema del reglamento y meterse en las hablillas del vecindario, que es como meterse en un catre con chinches o en un zarzal con garrapatas. Tan cierto es que el hombre tiene que adaptarse a todos los medios so pena de morirse o de que le maten.

UN ENTIERRO

Aquella tarde de aquel día –un día del que no quiero acordarme– salí a recorrer las calles de Tegucigalpa, ciudad que no veía desde hacía mucho tiempo. Caía una lluvia fina, monótona y desesperante, mojando los tejados de las casas, las ruinosas aceras sin nivel, las calles empedradas con guijarros, esos guijarros puntiagudos que me hacen pensar en horribles galopes de caballos con herraduras y en carretas chillonas rodando sobre ellos.

Crucé el puente, aletargado sobre el río, y recorrí varias calles desiertas, presa ya de un hastió sin límites, que me traía a la memoria recuerdos melancólicos y fúnebres. Los tejados de algunas casas doblegábanse bajo el peso de un siglo de aguaceros, amenazando la cabeza de los transeúntes. Algunos redondos postigos abiertos por casualidad, me veían al paso, como si fueran grandes ojos obscuros sin expresión. Pasaban casas y más casas, aceras y más aceras, callejones estrechos, calles desoladas, ventanas conventuales, tejados oblicuos; todo bajo aquella llovizna interminable que caía del fondo del cielo nebuloso, sobre la ciudad muerta, con la abrumadora constancia de que no había de suspenderse nunca.

Al pasar frente a los almacenes pude fijarme en uno que otro. Polvosos estantes llenos de cajas de cartón, simétricamente alineadas, conteniendo sin duda encajes antiguos, sombreros de Maricastaña, géneros inverosímiles y dijes parisienses del año cincuenta.

Todo indicaba falta de movimiento, de comercio, de actividad. En el fondo de las tiendas dos o tres viejos amigos, de barbas descoloridas y ojos apagados, hablaban sin duda de probables matrimonios, de la pobreza del país, tal vez de política.

En los mostradores, entre la clásica vara española de medir telas y las balanzas invalidad de pesar especias, dormitaba algún dependiente de chaqueta con pretensiones a lechuguino, o asomándose a la puerta, me seguía por largo tiempo con ojos curiosos e imbéciles.

Y aquella lluvia, aquel polvillo blanco que caía sobre la ciudad, armonizaba del todo con aquellas calles torcidas, heladas y desiertas; con aquel ambiente húmedo, poblado de bostezos; con aquellas casas antiguas, con aquellas aceras carcomidas, con aquellas gentes soñolientas…

Una angustia inmensa invadía mi corazón, y probablemente hubiera echado a correr, si a la vuelta de una esquina no me encuentro con varios hombres vestidos de trajes negros, agrupándose a la puerta de una casa de aspecto triste. Iba a seguir mi camino, huyendo de ellos, cuando alguno me presentó una vela esteárica e inconscientemente me vi incorporado a un cortejo fúnebre. Adelante iba el ataúd, en hombros de seis personajes mudos, probablemente habituados a llevar difuntos, por el aspecto indiferente de sus rostros, cubiertos de barbas despeinadas y ásperas.

Atrás, sin guardar ningún orden, por pelotones, caminaban los demás invitados, con aires imperturbables, haciendo sonar sus zapatos acompasadamente sobre el húmedo empedrado. Y mientras íbamos así, bajo aquella llovizna interminable, tras aquel ataúd que encerraba un difunto cuyo nombre no sabía yo, ni pronunciaba a mi lado ninguno, las campanas de la parroquia doblaban lentamente, con unos dobles agonizantes, llenando la helada atmósfera de quejas y de tristeza infinita mi corazón. Caminábamos como una procesión de idiotas o de sonámbulos, sin dirigirnos la palabra, sin volver la cabeza a ningún lado, sin pensar en la vida, ni en la muerte, ni en nada, en dirección al cementerio, tras aquella caja negra que llevaban aquellos hombres extraños.

¿Cuánto tiempo duro aquel viaje fantástico? No lo sé, tan olvidado iba de mi entre aquellos espectros. Por mi parte hubiera querido que no terminara nunca, que siguiéramos caminando así por muchas horas más, recorriendo sin término, bajo aquella llovizna eterna, oyendo los dobles lentos y pausados, pausados y lentos de las campanas.

Cuando pude darme cuenta de mi situación, estaba en el camposanto, viendo sacar a un sepulturero de cara salvaje, grandes paletadas de esa horrible tierra roja y abetunada de nuestros alrededores, cuya vista me daña intensamente los nervios.

Los fantasmas, mis compañeros del cortejo fúnebre, se acercaron a la huesa mirando con ojos inmóviles y soñolientos, cómo iba el cajón descendiendo al fondo de ella; y cuando todo terminó a la borrosa claridad del crepúsculo de aquella tarde indescriptible, se marcharon con caras indiferentes los que quedaban, bajo aquella llovizna lenta, interminable, eterna, olvidándose del amigo enterrado en aquella tierra toja, en aquel barro pegajoso, en aquel betún color de sangre, que me hizo pensar por mucho tiempo en cementerios sembrados de frescos y elegantes cipreses y en sepulturas cubiertas de flores y bañadas de alegre sol.

LA NIÑA DE LA PATATA

Ahora rememoro aquella gélida mañana otoñal, cuando, puestos los guantes y enfundados en mi gabán neoyorquino, subí uno de los puentes del Graff Waldersée, a ver el espectáculo del cielo y del mar, siempre emocionante y sugestivo.

El transatlántico había salido ya del hirviente Canal de la Macha, metiéndose, a grandes golpes de hélice, en pleno océano, que le acariciaba los costados con sus ventrudas olas plomizas, diademadas de espuma, sobre las que se arremolinaban las gaviotas que chillaban angustiosamente en los adioses de Byron.

Sobre la febril inquietud marina, de la que emanaba un potente soplo de abismo, el cielo septentrional, de un gris ahumado, parecía estremecerse con el viento venido de la lejana y misteriosa región ártica, donde el frio, en esa hora, cincelaba los bloques de hielo que las corrientes arrastraban al tumulto de las olas atlánticas.

Mas, en mi corazón, a pesar del extraño y soberbio panorama, hacía presa la nostalgia de los ardientes y luminosos mares del trópico. Soñaba con los ojos puestos en las nubes cenicientas y en las aguas pardas, con las verdes bahías brasileras que acababa de recorrer; con el cuello, generoso de luz, que brilla sobre el Mar Canario; con las inmensas y azules soledades del Atlántico ecuatorial, donde los crepúsculos son ardientes orgías de colores; con las tardes y mañanas del Mar Caribe, cuando recostado a babor o estribor, enhebraba soñares y pensares, anegados mis ojos en aquellos resplandecientes azures, siguiendo el pasa de las algas, las uvas del trópico, arrastradas por las tibias aguas de la corriente del Golfo, o la perspectiva de las nubes en el horizonte sin límite, donde, a veces, semejan una tropa de ángeles volando a los altos círculos celestes; otras, arquitecturas de magia y espejismos; otras, rebaños paciendo en campiñas de ensueño o de ilusión, para transformarse luego en monstruos de fábula o de pesadilla: dragones apocalípticos, grifos y quimeras gigantes, pitones alados, toda una fauna, en fin, caótica y estrambótica, que se diluía lentamente en la sombra crepuscular.

Iba, arañado por el frío, a refugiarme en el salón de fumar, cuando, por entre los huecos de las lonas que resguardaban el puente, apareció a mis ojos un espectáculo imprevisto. A proa, entre ruedas y cilindros de hierro, bajo la red de los cables embreados, apretábase un verdadero rebaño; todos los pasajeros de tercera: aldeanos, alemanas de barbas incultas; muchachas inglesas, de rostros secos y anguloso; emigrantes de los dos sexos y de todas las regiones europeas del norte; gentes, en fin, amontonadas allí por la fuerza, charlando en varios idiomas, calentándose con la aproximación, envueltas con el humo de las pipas, sufriendo los rigores de aquella cruda mañana, alimentadas como los cerdos, andrajosas y macilentas.

En medio de aquel maremágnum cosmopolita, alegre en su angelical inocencia, toda encendida del frio, muy regordeta, con los ojos que parecían dos lagos azules, con los burdos zapatitos rotos y el traje raído, envuelta la rubia cabecita en una mala manteleta, una preciosa niña, no mayor de tres años, un lindo querubín entre aquella soez hampa, quería comerse una gruesa patata caliente y medio cruda, que acababa de tomar de un cubo próximo.

Es probable que cualquiera de los marineros a bordo le hubiese hecho ascos a aquel manjar; pero la criatura tenía hambre, hambre aguzada por el frío, y se veía su afán de mordisquear el duro tubérculo.

Así, con él en las manos, ni los querubines de Murillo son más graciosos que aquella amable y dulce niña pequeñuela entre aquella muchedumbre trashumante, a bordo de aquel transatlántico que la llevaba hacia las costas de América, inconsciente de su destino, feliz con su grosera patata, bajo el bóreas hostil y sobre los vórtices del océano.

Una gran tristeza invadía mi corazón. ¿Cuál sería el mañana

de esa deliciosa criatura? ¿Acaso, convertida en una linda mujer, alegrará con su tentadora juventud los grandes almacenes de New York o Chicago, inclinada sobre los libros de cuentas? ¿O tal vez, atediada de su monótono trabajo, se resuelva a ser cliente de los cafés cantantes de Broadway, y beba whisky y fume, entre un círculo de calaveras, bajo la cruda luz de los focos eléctricos, al son de la música lasciva de la orquesta? ¿O aguardará, pasada la medianoche, en el quicio de las puertas, trémula de frío, a los que vuelven a sus lejanos hoteles, ofreciéndose a ellos con el impudor de las busconas? ¿O será carne de burdel en esas casas de citas, que trata de disimular el puritanismo angloamericano?

Pero no, angelito de cuatro años, flor de inocencia, inefable pequeñuela. ¡Te has de librar del mundo, del demonio y de la carne, de la astuta alcahueta y del Don Juan corrompido, del criado del hotel y del viejo libidinoso y has de ser, en un feliz futuro, la esposa de un honrado obrero o de un fuerte agricultor, para que de tu vientre, sano y proficuo, salga una raza de gigantes rubios, que sepan domar máquinas y remover montañas, en esos asombrosos Estados Unidos, recipiente de todos los ríos humanos, almáciga de naciones, crisol de pueblos!

Tal desea este pálido viajero, este taciturno soñador, que, en esta fría mañana otoñal, iluminó su noche interior con tu risueño amanecer, y gozo del perfume de tu inocencia, y bebió el roció de tus azules ojos, y derramó su angustiosa piedad sobre tu cabecita blonda, y te amó, en un fugitivo momento de su vida bajo el plomizo cielo septentrional, entre la áspera vocinglera de las olas del Atlántico.

SONATA DE AÑO NUEVO

A Otilia.

Tal vez hoy, en tu valle eclógico —valle de amar y de soñar, donde el crepúsculo feliz languidece como una rosa que se va marchitando en su búcaro de montes azules, tornes los ojos, donde se cristalizan secretas lágrimas, hacia el rumbo donde el ausente apacienta sus nostalgias y sus sueños— rumbo que imperativamente le señaló el hado, cuando empezaba a gozar del perfume de tu cabellera y de la miel de tu boca.

¿Acaso él mismo le tornará a tu presencia, envuelto en una nube de polvo, castigando los ijares de su corcel, mientras le aguardas, temblorosa de alegría, en el huerto de los naranjos y de los rosales, capitoso y ardiente como la heredad del Cantar de los cantares? Ve qué te dicen las claras corrientes que te adulan en tu baño matutino; pregunta al zorzal que solloza en la cima del árbol a cuya sombra meditas; otea los umbrosos senderos que recorres con tus compañeras, imaginándote que, de pronto, va a aparecer ante tus ojos atónitos, donde él encendió la luz de la pasión primera, que sólo apagará el soplo de la muerte.

Hoy, al iniciarse el nuevo año, una melodía insólita ha sonado en mi corazón, donde el sufrimiento ha grabado tu imagen con la paciencia de un artífice doloroso. Unos músicos ambulantes pasaban por la calle, en el alba turbia, tocando una romanza antigua, como en el poema de Musset; y asomándome al balcón envuelto en la claridad indecisa del amanecer, les seguí con ojos melancólicos, envidiando sus almas bohemias y su música banal. Hubiera querido que un genio —tal como sucede en los cuentos árabes— me llevase junto con ellos al pie de tu ventana, que debe tener un marco de enredaderas, y allí tocarte una sonata cualquiera, un motivo sentimental, que te añorase las dulces noches en que, en la calle desierta, bajo los claros diamantes celestes, te llevé una serenata de amor, en tanto que la luna, con su faz maliciosa, me espiaba desde la cumbre de las serranías, negras e imponentes a la distancia, bajo la noche rameada de constelaciones. Tú, despertando en tu nido, sacudiendo la profusa cabellera castaña en desorden, exclamarías de súbito:

—Es él.

Lentamente sollozando la música te diría: —"Es el amado que llega por fin, peregrinando por climas y montañas, en busca de tu fresca gracia, de aquella gracia que rindió su viril juventud, en días dichosos, cuando el dolor esquivaba su firme paso y la mirada triste y altiva de sus ojos. Despierta, niña, y sal al balcón, que el gallo negro cantó a lo lejos, el rojo en la próxima alquería y el blanco en el huerto de tu hogar. Sal pronto, oh niña, porque con la luz del sol se disipan los conjuros mágicos, y mañana, al asomarte en busca de él, sólo encontrarás rostros indiferentes, la perenne perspectiva de los montes natales y la ausencia y la distancia de los días monótonos".

Tal soñaba, pálido y ojeroso, en este triste amanecer, viendo alejarse a la murga callejera. Mas la melodía de los bohemios llenaba mi ser, y siguió cantando muy quedo en mi corazón, haciéndome rememorar nuestras horas felices, cuando, cogidos de la mano, íbamos a empezar el camino de la vida. Sobre nuestras cabezas el cielo era de paz y de azul; cantaban en los árboles cercanos maravillosos pájaros de iris; a la vera los rosales estallaban de flores y los limoneros nevaban sus azahares; y a lo lejos entre los sotos, un manantial como una disolución de ópalos proclamaba garrulamente el triunfo de nuestros corazones.

Tal íbamos por el camino de la vida, cogidos de las manos, meciéndonos dulcemente, sin hablar, pen- dientes las almas de las húmedas pupilas. Un lindo pájaro nos trinó su pensar: aprovechaos de la juventud. Dos palomas monteses se perseguían saltando ante nuestros ojos. Una liebre nos vio asustada, huyendo entre las matas; y una vieja, que tenía un siglo, andrajosa y encorvada, nos dijo, después que le dimos una limosna, agitando su rústico bordón:

—Hijos míos, vais a ser muy felices. Más adelante encontramos un hada, seguida de un enano etíope, que te regaló un anillo de oro macizo, símbolo de la fidelidad, y que me dio un puñal mágico, para que lo llevara al cinto y te defendiera.

Tal íbamos por el camino de la vida, en aquella dulce primavera sentimental. Y tú parecías fresca y pomposa, como un rosal de tu valle umbrío, y yo, erguido, y fuerte, como un pino de tus montes. Pájaros melodiosos cantaban sobre nuestras cabezas, en la cima de los árboles donde enredaba la tarde su cabellera de oro; el cielo era de un azul profundo, de una profunda paz: recortábanse en la lejanía los montes, semejando grandes turquesas o esmeraldas; los próximos manantiales dialogaban entre las yerbas, disputándose el tesoro de tu cuerpo virginal. Tal íbamos por el camino de la vida, sin ver hacia atrás, con el corazón en los labios y el alma en los ojos, sin pensar en que el dolor, como un arquero aleve, nos acechaba en aquel paisaje de idilio. Fue un sueño... Cuando despertamos, llorabas en silencio, en un rincón de tu hogar, de rodillas ante una madona, y yo, fugitivo y taciturno, había comenzado otra peregrinación, más triste y dolorosa que aquella que me llevó a través de los océanos, nostálgico del aroma de tu cabellera, de la miel de la flor de tu boca. Porque entonces tornaría en breve, mientras que hoy son hostiles a mi paso todos los senderos que conducen a tu valle natal, a tu rincón de égloga, donde el dragón del odio me devoraría sin piedad. Pero mañana me has de ver llegar, victorioso y fuerte, con la espada de Sigfrido en la diestra. Y me premiarás con la rosa que llevas en tus cabellos, con la mirada más dulce de tus ojos y la delicia suprema de tus labios.

A ORILLAS DEL LEMPA

El trotón, aguijado por la espuela, avanza fatigosamente por el camino, que parece un reguero de brasas. Siéntese un verdadero vaho de incendio, que tuesta los follajes próximos con su hálito mortífero. De pronto una bocanada de aire fresco alivia mis pulmones, y el Nilo salvadoreño, verde y apacible, surge ante mis ojos fatigados por los deslumbramientos solares.

Ahora voy por una ruta de arena finísima, de blancura deslumbrante, a cuya vera se alzan miserables chozas, donde, probablemente, viven pescadores con sus familias. Se ven verdes sandías y amarillos melones a uno y otro lado, cociéndose en aquella tierra como en un horno. Los chiquillos y las mujeres que se asoman a las puertas de las pobres cabañas parecen atacados de un paludismo incurable, tan mortecinos son sus ojos y tan pálida su piel.

La marcha se hace más difícil.

El caballo no puede caminar bien en aquel piso de arena menuda, semejante a un gran reguero de sal, donde tremulan los vidriosos reflejos de un ardiente mediodía, que ha convertido el cielo en una lámina candente de cinc.

A la derecha, lamiendo el borde de un enorme ribazo de lujuriante y pródiga vegetación, el rio se desliza majestuosamente, arrastrando en silencio el caudal de sus aguas. A la izquierda, después de caminar un kilómetro, los árboles van espesándose hasta parecer una selva, donde las grandes crecientes han dejado visibles huellas. Al pie de los troncos, entre las raíces, se hacina toda clase de restos vegetales; en las ramas se ve aún el ciego furor de la pasada estación lluviosa; y los arbustos, ajados y llenos de limo, tienen la señal del miedo que les causara la súbita invasión de las aguas iracundas.

En un claro, bajo las altas copas de los árboles y la red de las lianas, algunos hombres están haciendo leña de un robusto tronco. Suenan sus golpes secos y acompasados, relampaguean las hachas en el aire luminoso, y se oye, al pasar, la respiración de sus pechos jadeantes y sudorosos.

Y la vegetación va aclarándose, y la deslumbrante arena no concluye, y el sol sigue más crudo y ardiente, y la nariz, en aquella atmósfera de llamas, aspira las emanaciones del agua próxima, en la muda soledad de aquel mediodía casi blanco, que parece tener como suspensa la vida de la naturaleza. En aquel angustioso silencio, sólo se escucha el áspero y metálico chirrido de las cigarras, a lo lejos, entre las malezas. Chirrido melancólico y lamentable, que hace soñar, en el ambiente sofocante, con un alegre y torrencial aguacero que refrescase el cielo y la tierra.

Y más polvo deslumbrador, más sequedad en el aire, más fuego en el sol, y en mí, más ansia de ganar la orilla del caudaloso y generoso río.

La masa de agua verde, bajo una sutil neblina, aparece al fin cercana, deslizándose pausadamente entre sus orillas. Toda la dulce frescura del río penetró en mi ser, haciéndome olvidar las fatigas de la jornada. Hubiera querido arrojarme desnudo en la profundidad de la corriente, beber a grandes sorbos de ella, hundir- me hasta su fondo y abrir los ojos en su lecho de arena, mientras pasaba sobre mí su grave rumor y el deleite de sus aguas frescas y tranquilas.

Enfrente, veíanse los penachos de los cocoteros de Parras Lempa, mustios y polvorosos. Una barcaza llegó lentamente a la orilla. Pasé, tratando de retener en las pupilas la visión de aquella manga de agua verde, tan silenciosa y tan caudalosa. Antes de perderla de vista, contemplé otra vez el río desde una cuesta próxima a su orilla. Dulce, lento, vasto, solemne y silencioso, seguía deslizándose entre sus solitarias riberas, copiando el incendio solar y la fiesta de las nubes. Y rememoré el siguiente soneto mío:

Corre con tarda mansedumbre el río,
copiando en sus cristales la arboleda,
y un monótono diálogo remeda
con el viento su grave murmurío.

Bajo el candente cielo del estío
no se apresura ni estancado queda,
sino que —lento y rumoroso— rueda
a perderse en el piélago bravío.

Tal se apresura la corriente humana
con su rumor efímero de gloria
reproduciendo una cultura vana;

y —sin que mude el curso de su suerte—
corre en el viejo cauce de la historia
hacia el mar misterioso de la muerte.

CONNUBIO DE VÍBORAS

Íbamos hundiéndonos en la verdura del bosque, poco a poco, aspirando con delicia las capitosas emanaciones vegetales. El sol, en pleno cenit, llameaba como una hoguera, transformando el cielo en una lámina de hierro candente.

De pronto, al pie de un árbol corpulento, vimos el ondular como un látigo una víbora obscura manchada de gris, en la casi imperceptible agitación de las hojas secas. Y luego llegó una serpiente amarilla, salpicada de un verde pálido. Eran dos pequeños tamagases, salidos tal vez del próximo pantano, de un brillo viscoso, que aumentaba el aire de luz colándose entre las hojas.

Y las dos víboras atrayéndose en la hora estival se encontraron, se reconocieron, y lenta, suavemente, entrelazáronse en amorosa trenza, tal como se ven en el caduceo de Mercurio. Después quedaron inmóviles, en la quietud del sagrado momento... En la paz del bosque lleno de sol, las víboras dormían dulcemente...

Entonces, uno de nosotros cortó una vara de un árbol, y, traidora, medrosamente, se acercó a turbar el idilio de los reptiles, descargándoles un golpe súbito. Y luego otro, y cinco, y diez más, hasta dejarlos muertos sobre su tálamo de hojas secas, donde el amor, la ley suprema y mortal, los había desposado.

Y, cuando nos íbamos por entre la verdura del bosque, pensé en que se había cometido el más injusto de los crímenes.

GENUS HOMO

A la hora del crepúsculo vespertino iba vagando por la ribera del río que en silencio deslizaba solemnemente sus aguas cuando vi un animal extraño sumergiéndose en las aterciopeladas linfas. Un animal extraño, que me pareció no haberlo visto nunca.

Su cabellera húmeda caía sobre su cerviz. De su fuerte mandíbula pendía una barba gris y luenga, tal como las parásitas que cuelgan de la rama de un roble. Su pecho era velludo y huesoso, de respiración fortísima. Sus corvas piernas se hundían en el agua, y tenía dos miembros que me imaginé que eran brazos. Sus ojos —entre sus cejas hirsutas y el bosque de su barba— me veían triste y curiosamente, enlutecidos por la sombra crepuscular. Si, sus raros ojos inquietos me veían así, como si yo hubiese sido un animal extraño, más extraño que él.

Sumergido en la fría corriente, aquel ser llamaba poderosamente mi atención. ¿A qué raza zoológica pertenecía? ¿Era originario del mar o de la tierra? ¿Su voz sería el canto de un ave o el rugido de una bestia felina? ¿Era un ser fiero o dulce? ¿Comería carne cruda o yerba? ¿Era un animal nuevo en el planeta, o acaso el perdido resto de un monstruoso período geológico, que se salvó de la última catástrofe diluviana?

Estas preguntas iba haciéndome, envuelto en el claroscuro crepuscular, al alejarme por la ribera del río, que en silencio deslizaba solemnemente sus aguas.

Después, mucho después, meditando a solas en qué animal era aquel ser tan extraño, he averiguado que lo que vi fue un hombre. ¡Un hombre! Mas ¡qué raro se mira a veces, en ciertos momentos lúcidos, el hombre ante los ojos del hombre, ante los ojos de un ser de su especie! Sí, muy raro, rarísimo.

EL GRILLO DE LA MUERTE

Cerca de mi cuarto de estudiante donde —en tantas ocasiones filosofé vagamente sobre las miserias de la vida— murió el zapatero de viejo. ¿De qué murió? Quizás de una hipertrofia del corazón o tal vez, lo que es más probable, de una tuberculosis pulmonar, consecuencia de sus noches de desvelo, de su escasa alimentación, y ¿por qué no decirlo?, de los muchos vasos de alcohol que se bebía a diario. Un alcohol horrible, que hubiese quemado la garganta de un bohemio o de un negro del Dahomey.

Esa noche leía yo un libro rebosante de vida, de juventud y de amor, que narraba el idilio carnal de dos amantes, dos náufragos de un buque europeo, que, bajo los follajes umbríos, ebrios de sol, de amor y de deseos, unían sus labios en la ribera de una isla verde, ceñida de un mar azul, llena de lagos minúsculos, de musicales cascadas, de pájaros amorosos y de gacelas lascivas.

Y sentía, leyendo aquellas páginas ardientes, por las cuales pasaba un hálito de terrible voluptuosidad, que la sangre de mis veinte años se aceleraba en mis puños, y subía a golpear mis sienes. Y todo mi ser se llenaba de aquella isla, bebía sus emanaciones. La de la playa llena de mariscos, la de los bosques y la tierra, la de la carne joven, palpitante, desnuda al viento y al sol. Mas cuando comprendí que el zapatero de viejo había muerto, y oí el aullido de gata en celo de la mujer, el llanto de los huérfanos, olvidé a la pareja que se acariciaba sobre la hierba, en la isla lujuriosa, y pensé, con una gravedad acongojada, en que la muerte —la muerte terrible y divina— estaba a pocos pasos de mí.

De repente, los lamentos dejaron de oírse, reinó un silencio de tumba, y un grillo, oculto quién sabe dónde, entonó su chirrido monótono. Un chirrido monótono, sin término, fúnebremente largo, venido de una noche pavorosa, como del fondo de la eternidad... ¡Y aquel chirrido sonó en mi cabeza durante   tres   días   y   tres   noches!

EL BESO

El beso, en la literatura, es casi moderno. Ni en Homero, ni en Esquilo, ni en Sófocles, ni en Anacreonte, ni en Horacio, ni en Virgilio, ni en Dante, estallan besos, se chocan amorosa y ardorosamente los labios. Hécuba —cuyo vientre fue tan fecundo como el de la madre tierra— jamás se colgó a los hombros del viejo Príamo, erizando con sus ósculos y humedeciendo con sus labios su noble barba, hecha con los copos de espuma del mar Egeo. Ni las hijas de Esparta, cuando cantan el epitalamio de Helena, en Teócrito, hablan de los besos con que el rubio Menelao debe cubrir la armoniosa boca de la divina adúltera, que pasó —llena de candor y majestad— por los robustos brazos de todos los paladines aqueos. Las doncellas de la Biblia no besan a los jóvenes hebreos junto a las claras fuentes, a la fresca sombra de los olivos. El beso, en la literatura, es casi moderno. Boccaccio —con su amable sonrisa de fauno— une maliciosamente los labios en la risueña mañana del Renacimiento, en el fondo de bosquecillos de mirtos y naranjos en flor; y Shakespeare, el poderoso dramaturgo, hace besarse en su balcón a Romeo y Julieta, envueltos en la luz rosa de la aurora, mientras, a lo lejos, el horizonte se orla de un fleco de sangre.

EL NIÑO CIEGO

Le encontraron en la calle vagando, sin rumbo fijo, un día de estos en que el sol llameaba sobre las baldosas y los duros empedrados. ¿A dónde iba el infeliz? A ninguna parte. Caminaba al azar, arrastrando trabajosamente sus pies doloridos, que habían tropezado en todas las piedras y resbalado en todas las aceras. Caminaba en medio de la ciudad hostil, ante la indiferencia de los transeúntes, poniendo el oído a los sordos rumores callejeros, estremeciéndose al ruidoso paso de los tranvías, temblando a los gritos de los vendedores de sorbetes.

Con su vaga intuición infantil, aguzada por las prematuras miserias de la vida, adivinaba las felicidades ocultas en los edificios cercanos. Frescos jardines donde jugaban y cortaban flores los niños de las familias opulentas; salas llenas de raros juguetes, donde se di- vertían aquéllos en las horas de solaz; y luego el comedor, los platos humeantes, las risas y los gritos alegres, y los estómagos satisfechos, que nunca conocieron el hambre ni la sed.

¡El hambre! Él la tenía desde hacía veinticuatro horas. Su último alimento fue una tortilla que le pusieron en la mano, cuando una mujer, tal vez su madre, le dijo: ¡Andate a la calle a pedir limosna! Y le echó fuera del cuchitril donde había vivido seis años. ¿Vivido? No, no era vida aquélla; era una muerte lenta, por el martirio. Desde que su cuerpecito pudo soportar el látigo, vibraba continuamente sobre él: en la mañana, en la tarde, en la noche. Sobre todo, en la noche, cuando llegaba la mujer acompañada de algún hombre, siempre un desconocido, los dos borrachos de caerse.

—Duérmete, animal! Y en seguida, un puntapié o un palo. Y él, tembloroso, lleno de pavor, se apretaba, se escondía, se evaporizaba, por decirlo así, en el sucio cajón donde dormía como un perro. Y lloraba toda la noche, quedo, quedito, por temor de que se levantasen a golpearle.

Lloró tanto durante un año, que empezó a ver turbio, a

perder la vista. Fue aquello una cosa triste, lastimosa. Ya no veía lo que pasaba cerca de él, acurrucado en su cajón. Los palos y los puntapiés, eso si no faltaban; ni los pleitos de su madre con hombres de voz aguardentosa, que proferían horribles blasfemias y amenazas. Como no tenía padre, nadie ponía paz en aquel infierno. ¡Padre! La misma que lo había dado a luz no sabía quién era.

Y aquella mañana, viéndolo completamente ciego, le echaron a la calle a implorar la caridad pública. Vagó muchas horas, mostrando al sol sus andrajos, sin pedirle nada a nadie. El hambre y la sed lo mataban.

La luz cenital, reverberando en las calles, hiriéndole los ojos enfermos, le hacía sufrir horriblemente. Las piernecitas, flojas y endebles, ya no podían sostenerle. Tropezó otra vez. Iba a caerse en medio de la calle, a morir sobre las piedras.

De pronto sintió que una mano fuerte le agarraba por el brazo.

—¿Dónde es tu casa? No pudo responder.

¿Dónde vive tu madre?

Silencio del infeliz.

Y el policía, porque era un agente del orden público, lo llevó a la Dirección. Allí le dieron, durante algunos días, comida y lecho. Volvió a la vida, renació de la muerte. Ahora en el hospicio, tiene cama en qué dormir, pan qué comer. La caridad oficial, recogiéndolo del arroyo, le ha salvado. Si vuelve a ver el sol ya no será un vagabundo mendigo, ni tampoco un criminal, en cuyo tobillo morderían los dientes de hierro de la cadena.

¡Ah! ¡Los niños engendrados al azar, en noches orgiásticas, húmedas de alcohol, que no tienen padre y cuya madre es una hembra, simplemente una hembra! La caridad oficial, viéndolos con ojos bondadosos, debe recogerlos, debe ampararlos. Así, cuando sean hombres, los librará de tender las manos a las esposas en las cárceles, o en las puertas de los templos y en las esquinas, a todos los que pasan, implorándoles una limosna.

FANTOCHES Y MARIONETAS

Viéndolos accionar y gesticular al fulgor de la luz eléctrica, me he sentido triste, con el alma llena de congoja. Esa parodia de la vida, ese cómico remedo de las cosas serias, hace reflexionar amargamente a los pensadores que comprenden que hay algo grave y sombrío en esos muñecos que andan, que giran sobre sí mismos, que se sientan a la mesa a comer y beber. ¿No tendrán vida, realmente? ¿No hablarán de veras? ¿No se moverán por su propia voluntad?

En la ilusión teatral, en la media luz del escenario, en el fondo de los bastidores pintarrajeados de prisa, de cualquier modo, se agitan extrañamente los maniquíes, como si tuviesen voluntad e instinto. Sí, los tienen en ese momento. Esas cabezas de cartón, llenas de papeles y trapos sucios, piensan; esas caras bañadas de albayalde y de pintura roja, gesticulan; esas piernas y esos brazos se mueven por si solos; en ese pecho palpita un corazón. Sí, esos fantoches y esas marionetas tienen vida, tienen alma.

En el espejismo del espectáculo tratan de imitar al hombre, como los gnomos y los korriganes de las leyendas; y lo consiguen de sobra, porque el hombre carece de originalidad, y se repite lamentablemente en sus amores y en sus dolores. El hombre de ayer es igual al hombre de hoy. Su constitución interna es la misma; sus ideas apenas han tenido variación; su máquina psíquica tiene los mismos resortes y las mismas ruedas. Como ayer, hoy es un sonámbulo del sueño de su destino, que gesticula algunos años, piensa algunos años, come y bebe durante algunos años, hasta que la muerte, esa marioneta descarnada, le hace un guiño grotesco, y se lo lleva a la fosa dando saltos ridículos.

Sí, como esos muñecos desgarbados, nosotros somos fantoches, somos marionetas, agitados por ocultos hilos, movidos por secretas pasiones, obedeciendo siempre a una voluntad ciega, inexorable, que nos hace decir lo que no pensamos, ir por donde no queremos, hacer lo que nos repugna interiormente. ¡Sí, somos marionetas, somos fantoches!

Los que se mueven en el escenario, a la luz de los focos eléctricos, y saludan gravemente, y caminan a saltitos, hablan con voz chillona, esos son los verdaderos hombres, pequeños y ridículos. Allí están con todas sus miserias, con todas sus debilidades, riéndose unos de los otros, mostrando su ineptitud, su malicia o su torpeza. Sí, esos muñecos de trapo, que hacen la delicia de los niños —esas marionetas en embrión— son los hombres, los verdaderos hombres, no los que vemos el espectáculo desde los palcos y las lunetas.

Abandono mi puesto del lunetario. En el salón, un fantoche, obedeciendo al invisible hilo de su deseo de fumar, saca un cigarrillo y lo enciende. Algunas marionetas formando circulo, gesticulan discutiendo. Salgo afuera. Dos fantoches platican; tres marionetas se alejan por la calle. Y yo, de pronto, sintiendo que se mueven todos los hilos ligados a mi cuerpo. me alejo tristemente, perdida la voluntad, con el cerebro lleno de reflexiones como trapos y papeles viejos.

LA INTRUSA

La vela esteárica, oculta tras un biombo, proyectaba —con las oscilaciones de su flama y sus chisporroteos— trazos fantásticos en la pared. La noche, una noche de junio, joyante de astros, iba rápidamente a su orto. Todo dormía en torno de la moribunda y de él en la solemne paz de la tierra, que pronto argentaria el alba. De las cumbres venía, a través del espacio, el aria melancólica de los gallos.

En el techo, desde las rendijas, los grillos chirriaban interminablemente, tal como en la noche milenaria del mundo, escondidos en el espeso follaje de las gigantescas coníferas. Llegaba la plañidera canturria del próximo río, que él creía ver deslizarse, lentamente, con aguas más negras que las del Aqueronte, hacia el mar del olvido y de la muerte. Él, oculta entre las manos la frente febril de insomnios y meditaciones, pensaba en aquella tragedia de su vida, paladeando los más acres sulfatos de su dolor. Amaba, con la locura del corazón y de la carne, a aquella que había sido una adorable mujer, semejante, por la aristocracia de sus gráciles formas —como que era retoño de una estirpe selecta— al hermafrodita de la fábula.

Cuando la conoció, su cabellera insólitamente profusa, tenía visos de oro, como un rincón de noche estriado de esplendores lunares; su frente era un triángulo armonioso entre sus negros bandos; sus orejas eran dos finas conchas de las melodiosas playas de Lesbos; sus cejas sombrías y aterciopeladas, como las alas de ciertas mariposas de la noche, cejas que se confundían con la iniciación de una nariz sin mácula, tal la de una Diana o una Minerva; sus pestañas luengas y unánimes como las de las vírgenes de las catedrales españolas.

En el orbe de los admirables ojos, así como dos camafeos trabajados por un ilustre artífice, ya Juan de Segovia o Benvenuto Cellini, brillaban dos topacios incrustados de puntos diamantinos. Los labios eran armoniosos y casi marmóreo por la pálidos, con un rictus de resignación por las asperezas y hieles de la vida: la faz, larga, de blancura láctea, cuerpo gentil y fino, que la maternidad no pudo deformar; las manos como las de Juana de Aragón o las de Ana Bolena, una de éstas tendida aún a los siglos, desde la región del misterio; y los ples breves, rosas las uñas alto el empeine, mostrando el insigne abolengo de prosapia.

Tal era aquella mujer, cuando en el abril mis amable de su vida, tras un ardiente prólogo de amor —aquel de Romeo y de Julieta— la hizo suya, previa la bendición sacerdotal. Dióle el tesoro de su carne y de su espíritu: carne de diosa y espíritu de ángel; puso algo de paz pradial en aquella alma huraña y taciturna, tal como la selva de Dante; algo de miel de égloga de aquel corazón, que tenía la Inquietud y la amargan del mar; y fue ella, para aquel Prometeo mental, un dulce oceánide que le dijo palabras de consuelo y esperanza. Mas, ahora, víctima de una terrible enfermedad, espantosamente demacrada, mostrando el armas debajo la lívida piel, ella se moría, sin una queja, mártir del amor, en el orto de aquella noche de junio.

Alguien andaba, con paso lento y sospechoso, por los corredores de la estancia. Se detuvo un instante en el umbral de la puerta, empujó y entró, escuchándose luego un rumor como de faldas de seda. Los remotos gallos suspendieron sus estridentes clarinadas; del río no llegaba un solo rumor; únicamente un grillo prolongó su fúnebre chirrido, que parecía ir de su escondrijo al fondo de la Eternidad. Él, sobresaltado, escuchaba la aproximación de la visita Invisible. Un gran suspiro llenó el ambiente, impregnado de un fuerte olor de creosota; los ojos de la enferma se abrieron extraordinariamente, ávidos de vida aún y unos dedos misteriosos los cerraron enseguida. Gimió la mujer palpando en el vacío: palideció, casi hasta apagarse la bujía: y un aire gélido, venido de la Estigia, penetró en el cuarto.

Cuando él estrecho, temblando, a la amada yacente en el lecho, sólo suspendió un cadáver. La intrusa de Maeterlinck, menos corpórea que un fantasma, había salido por donde entró. Ya el alba tendía su gasa argéntea sobre las montañas húmedas de rocío, semejando enormes turquesas o esmeraldas; los gallos la saludaban con sus resonantes dianas, desde la copa de los árboles; el rio, laminado de luz, iba cantando armoniosamente entre sus riberas. Despertaba la naturaleza como al rumor de un inmenso epitalamio. Todo era vida: en el cielo, los pájaros volaban alegremente; en la tierra, se alborozaban los brutos: y, en el mar, en los azules abismos, rebullían los peces monstruosos.

Bajo el insulto de aquella alegría universal, aquel taciturno insomne, lleno de fiebre, tuvo ímpetus de maldecir a la creación. Y dos lágrimas, como dos gotas de metal fundido, cayeron de sus ojos, rodando a la tierra indiferente. En la sala, entre los agudos gritos del coro familiar, a la luz de los cirios, yacía la muerta, tal como una dulce cristesa de un marfil antiguo.

EL POLO NORTE

¡El Polo Norte! Estas palabras os traen a la imaginación un país horriblemente helado, lleno de misterios y de catástrofes. Presentís un clima cruel y mortal para vuestro muelle organismo, acostumbrado a la grata temperatura de los trópicos, y admiráis a los hombres vigorosos y fríamente heroicos que han ido a desafiar los furores de aquella naturaleza inclemente. Véis pasar, como en una visión cinematográfica, los buques de algunas naciones, llevando a su bordo marinos y sabios entusiastas, que van a morir de inanición o a ser víctimas del escorbuto sobre alguna playa desierta o en el fondo de alguna choza groenlandesa. Contempláis un yermo paisaje de icebergs y de carámbanos caprichosos, o la maravillosa perspectiva de una Venecia de nieve, que alza sus torres, sus cúpulas y sus arcadas sobre un mar especular.

A lo lejos dilatan la superficie resplandeciente los icefields, las llanuras sin término, de hielo, por donde van gruñendo los osos, aúllan los lobos famélicos y pasa la fuga de los zorros azules. De pronto, en alguna costa árida, donde agonizan raquíticos brezos y pobres líquenes, un grupo de esquimales, envueltos en oleosas pieles, arponean alguna foca o se disputan los restos en putrefacción de algún animal marítimo arrojado a los arrecifes por el vaivén de las aguas. De súbito cambia la decoración: la perspectiva tiene tonos más adustos; el Polo Norte os empieza a mostrar su paz siniestra. De la bóveda plomiza del cielo caen, espesándose, las nieblas; pasan tumultuosamente los torbellinos y los huracanes; el mar encrespa sus enormes olas y sus mangas formidables, haciendo danzar a los bergantines como cáscara de nuez; y, al sobreviene la calma, cambia cortante. mente de matices, adormeciéndose entre los témpanos flotantes y los escollos movedizos. Entonces, balanceándose lentamente, aparecen los cachalotes y las ballenas, arrojando chorros de agua por sus espiráculos bajo el vuelo de las aves árticas, que gritan lamentablemente en el espacio. Pero en seguida sobrevine otra vez el mal tiempo.

El huracán sopla de nuevo a roncos clarines; el trueno redobla sordamente sus tambores; óyense las detonaciones de los aludes; chocan lo icebergs Impelidos unos contra otros; se derrumban los témpanos y las montañas de hielo, como por la trepidación de un terremoto. Después a la mortecina claridad que arroja un sol sin calor, arrastrándose perezosamente sobre un horizonte estriado, míranse inmensas desolaciones blancas, sobre las que se ciernen nubes de millones de cristalizaciones microscópicas. Poco a poco va mostrando sus prodigios y sus secretos la magia boreal. Aparecen los insólitos espejismos, las milagrosas refracciones, las dúplices imágenes solares, hasta cuando el astro se oculta, para que empiecen el Imperio de la noche polar, la espantosa tristeza de la noche polar, los diez horribles meses de la noche polar, que llena de gélidas tinieblas aquella ingrata región donde se hela el alma y se petrifican las lágrimas. Mas entonces Iluminan la negra bóveda celeste lluvias de estrellas erráticas, como un sorprendente Juego de luces de Bengala; y la aurora boreal fulmina aquellas sombras que parecen eternas, abriendo su trémulo abanico de grandes llamas; superponiendo sus aureolas resplandecientes; transformándose en el irisado domo de una catedral gótica; ondeando a veces como una bandera de múltiples colores: anaranjado, rojo, rosáceo, violeta y verde; lanzando al cénit sus mágicas radiaciones; coronando de fulgores las agujas, las cúspides, las torres y las pirámides de hielo; disolviéndose, juntándose, apiñándose y encendiéndose, hasta borrarse del todo en los contines de la noche hiperbórea.

MUERTE DE DIONISIO

No está en lo cierto el gran Sófocles al asegurar que Dionisio, el viejo y neurótico tirano de Siracusa, murió de alegría, ni tampoco otros buenos historiadores, cuando dicen que murió envenenado por su hijo, que ambicionaba el trono. Dionisio entregó el alma a Plutón de una manera extraña. Ahora oíd la leyenda que contiene un antiguo pergamino encontrado en una empolvada biblioteca de las ciudades del sur de Italia.

Dionisio regalaba con un magnífico festín a Dión, uno de sus ministros y generales más temibles, que había puesto terror a los escuadrones cartagineses.

El déspota era espléndido y caprichoso. Gustaba de reunir hombres célebres e ilustres alrededor de su mesa, para que lo tuvieran como protector de las artes y de la filosofía. Allí estaban esa noche Platón, Filisto, Damocles, Tocio, Fabricio, Cinias y otros muchos griegos y cartagineses, todos ellos filósofos, pintores, músicos y poetas.

El banquete tocaba a su fin. La música embriagadora de las hetairas hinchaba el cálido ambiente del salón, cubierto con mullidas alfombras de cachemira y adornado con opulentas velas de Tiro; reía la luz de las antorchas en las armoniosas y desnudas estatuas, salidas del mágico cincel de Fidias, en los delicados cuadros de Melanto y en las soberbias obras de Apele, y el sueño Invisible empezaba a coronar de adormile ras las cabezas de los convidados.

Dionisio era feliz en aquel momento porque e encontraba borracho ya. Luenga barba innoble orlaba su rostro pálido por las frecuentes libaciones. Era tan encendida la púrpura de su manto, que parecía que acababan de sumergirlo en un baño de sangre. Descansaba su corona de oro sobre un trípode cercano, y la pulimentada calva de marfil resplandecía bajo el riquísimo techo, de donde colgaba una fulgurante espada de acero, amenazando a los comensales.

Habló el rey, sonriéndose estúpidamente: "No podéis

quejaros de mí, buenos amigos. Artista y filósofo soy, y por eso os tengo en tanto aprecio y estima ¿No es cierto lo que digo, Platón? Os he obsequiado con toda la delicada volatería del Ática, y con los mis añejos vinos de Chipre y de Tenedos, en ánforas salpicadas de áureas estrellas. Tú, Filisto, mi cronista, lo puedes asegurar. Y tú, Damocles, medroso Damocles, ¿no estás esta noche contento del gran Dionisio? Si hubieras tenido más valor, la felicidad sería tu esclava. Te senté en mi trono, te hice adorar por mis guardianes, fuiste un monarca como yo durante algunos días y renunciaste a todo esto por no tener sobre ti esa espada que cuelga sobre nosotros".

Todos los invitados alzaron los ojos, viendo la terrible espada prendida al extremo de un hilo, temblorosa y resplandeciente.

Y él continuó:

—"Esto nos prueba, amigos, que la fortuna está amenazada de continuo por la desgracia, y que no siempre se es tan feliz como el rey Giges. Como tú, Platón, yo soy algo filósofo. Y no sólo filósofo, sino músico y poeta.

"En Atenas haría furor con mi lira, y esta misma noble y orgullosa Atenas, no ha mucho que premió una de mis tragedias, en las fiestas... ¡Oh, el Arte!...".

En estos momentos oyéronse unos ayes que llenaren de estupor a la reunión.

—"No os asustéis —dijo Dionisio—. Son unos prisioneros que he mandado a ejecutar. Me estorbaban. Mañana acabaré con los cabecillas de la última conspiración de Siracusa. Los más comprometidos tomarán cicuta, y los otros al destierro. Y no es que sea feroz ni sanguinario. Soy clemente y accedo a todo. A Calistenes lo hice ahogar en un tonel de vino: le gustaba mucho, sobre todo el Falerno. Heracles era partidario de los átomos: por eso lo mandé a cortar a pedazos. ¿Y Tedón? ¡El pobre decía que por el olfato se puede alimentar al hombre! Para hacer un ensayo, lo encerré en un jardín amurallado y a los siete días se murió de hambre, de pura hambre, a pesar del aroma de las flores...".

Dionisio llevó con mano torpe a sus labios la postrimera copa de Falerno, desplomándose completamente ebrio sobre el triclinio.

Agonizaba la luz de las antorchas; dejaron de vibrar las liras y una semiobscuridad invadió la sala del festín. De repente la espada retorcióse como si tuviera vida, cayendo sobre la mesa y ondulando, serpiente de fuego, después de lanzar un silbido siniestro. Un grito de horror se escapó de la boca de los convidados, y sus semblantes se pusieron lívidos al reflejo trémulo de las antorchas. El reptil serpeó entre las ánforas y las fuentes de plata, lanzándose sobre la cabeza del tirano e hincando en ella sus colmillos. Enderezóse Dionisio rugiendo para caer en seguida inerte sobre la alfombra, en tanto que la fantástica culebra desaparecía en una de las sombrías esquinas del salón.

Cuando llegaron los áulicos y los guardias, el yacía muerto sobre la alfombra de cachemira, estrujando bajo la espalda su soberbio manto purpúreo, semejante a una fresca degollación, de donde surgía resaltando a cabeza pálida, bajo el bosque de los brillantes sables desenvainados en lo alto de las antorchas traídas por los esclavos atónitos.

EL ESTILO

Los que piden a prosistas y versificadores que se expresen con claridad, de tal modo que pueda entenderles el vulgo, ignoran que la literatura, cono la ciencia, tiene su lengua única. Incomprensible para la muchedumbre. Esta lengua, purificada, refinada y quintaesenciada por todos los artífices del verbo, es como un secreto sacerdotal, cuyo conocimiento exige una iniciación previa. Los léxicos no son más que opulentas minas, donde están, entre las brozas del idioma, que son los tópicos viles y comunes, confundidos los metales preciosos, el oro y la plata. El genio del escritor debe extraerlos y separarlos, acuñándolos después en sus troqueles. Semejante procedimiento llevado a la suma perfección en la literatura moderna, es el que ha producido las más exquisitas prosas y los más refinados versos, en los que no se sabe qué admirar más, si la impecable factura o el recóndito pensamiento, que siempre deben ir unidos, como el lema y el metal de las medallas insignes.

Un alto y noble estilo no es más que el producto de la paciente selección del lenguaje. Hay vocablos de orígenes bárbaros y obscuros, cuya sola presencia mancha y envilece a los que están ceros, aun cuando sean de la más noble prosapia. Sus consonantes y sus vocales, de una horrible combinación en las fauces del hombre primitivo que trató de producir alguna onomatopeya brutal, nos traen, de súbito, la rememoración de la selva, con su gruñido de fieras y estruendo de aguas. Metidos en la armonía verbal del estilo, a lo mejor, saltan ante los ojos como groseras alimañas, almizclando el ambiente de la página y mostrándonos pelaje.

Cuando el artista —prosador o versificador— se halla en sus jardines estéticos con palabras de esa índole, debe eliminarlas en el acto, sustituyéndolas con otras que tengan un más puro abolengo. Búsquelas cuidadosamente, sondee el idioma, torture su imaginación, que las encontrará siempre, engarzándolas armoniosamente con las demás, como si fueran perlas encadenadas por un hilo de oro.

El estilo será siempre una de las más arduas preocupaciones de los escritores de sangre ilustre, de los verdaderos estetas, quienes trabajarán en una labor benedictina, por darle la suavidad de la seda, la limpieza del jaspe, el centelleo de las gemas, la instrumentación verbal. Labor difícil y dolorosa es ésta, en que se borda, se burila, se pule, se labra y se armoniza el lenguaje, empleando todos los medios, retorciendo las frases, seleccionando, una por una, las palabras. El idioma, a veces, se encabrita y rebela como un potro salvaje; mas fustígalo el domador terriblemente, y la bestia acata en seguida la represión del freno, la muda orden de la mano, la enérgica tiranía de la espuela. A la postre concluye por ser un bruto de paseo, de gallardo continente y cuyo dueño puede ponerle la silla y el arnés, sin cuidado, seguro de que le recibirá jubilosamente en su lomo.

UN AÑO MÁS

Para las almas finas y herméticas, que son las más aptas para el goce exquisito y mortal de las más tóxicas mieles del dolor, esta noche de San Silvestre —la última noche del año— recamada de las más ricas y raras joyas del cielo, está llena de melancólicas reflexiones, de pensamientos sombríos. No hay ser humano, como no predomine en él un exceso de inconsciente animalidad, que no se sienta triste un momento, pensando en la infinita vanidad de las cosas, que tanto desconsolaba a Salomón y a Marco Aurelio, y en la infinita vanidad del tiempo.

Gentiles damas os sonríen, la algazara de la muchedumbre resuena en las calles, oís músicas próximas o lejanas, tal vez un insigne mosto hierve en vuestro cristal; y, sin embargo, de pronto os ponéis tristes, horrorosamente tristes, como cuando, en un amanecer indeciso, que baña de palideces cadavéricas el suelo, marcháis a vuestro lejano lecho, ahítos de carne y de licores incendiarios.

En esa congoja momentánea os vienen a la memoria los recuerdos, como bandadas de aves nictálopes; y presentís —con una clarividencia insólita— que el año que muere, entre esplendores de fiesta, es un poco de vuestra vida que se va, que se fue, que no ha de volver nunca.

Consideráis que hay una cana más en vuestra barba; que hay una arruga más —tal vez un surco ancho y hondo— en vuestra frente; que han naufragado muchas de vuestras ilusiones, y que quizás las otras, en el año futuro, han de morir ante vuestros ojos, como esas familias de marineros que se tragan las olas implacables del mar, mientras el padre o la madre ve la tragedia desde la playa.

Tal vez vuestro pensar —si sois meditativos de veras— se interna más en esa negra filosofía y consideráis que la vida, año tras año, no es otra cosa que una muerte continuada, y que llegará un día en que pagaréis —siervos miserables— tributo a la tierra, que os ha de recibir indiferentemente, como lo ha hecho con innúmeras generaciones, en una serie de milenios, sin que sienta plétora alguna, ni se alteren sus laboratorios.

Durante millones de centurias seguirá arrojando seres vivos y recogiendo cadáveres, hasta cuando se dispare fuera de su órbita, o agonice su fuego central, o se enfríe el sol o le suceda un cataclismo cosmogónico que trastorne el maravilloso equilibrio del sistema planetario.

¿Qué quedará entonces del tiempo? Nada. ¿En dónde estarán los días, los meses, los años, los siglos y los evos, toda esa organización creada y regularizada por los hombres, desde los magos caldeos hasta los astrónomos del último siglo? En ninguna parte. Solamente existirá la eternidad impenetrable y muda; muda y eterna, tal como era antes de que las miríadas de soles girasen armoniosamente en los espacios siderales.

Mas tan sombríos pensamientos apenas turbarán un momento vuestro ánimo, y volveréis, poco a poco, a la realidad, entre las risas, las músicas y las flamas de los candelabros.

Un año hace que, en una noche similar, aguardasteis la venida del nuevo, brindando por él con varios amigos, sobre muchos de los cuales, en esa hora jocunda, la muerte arrojaba una de sus más terribles miradas. ¿Qué os importa? Ellos rodaron ya, con el hipo agónico en los labios, en la senda de la vida, y vosotros, en cambio, habéis vivido doce meses más. Alegraos, pues, felices mortales; brindad ruidosamente por el nuevo año, alzando en la copa de cristal —la copa de cuello de cisne— donde irradia, y ríe, y centellea, el jugo dorado de las más nobles uvas, que hace olvidar las penas presentes e ilumina el porvenir.

Un instante falta para que las estrellas marquen el meridiano de la noche de San Silvestre. Los relojes han dado las doce ya. Como la lágrima de una nube en los océanos, que en nada aumenta el caudal de sus aguas, un año más ha caído en el abismo sin fondo de las eternidades.

Vendrá en seguida la mañana, con su túnica de oro y su

corona de rosas, y la naturaleza dormida bajo el centelleo de las constelaciones, se despertará, como una mujer lasciva, al rumor de un inmenso epitalamio. Una vida pululante y nerviosa se agita en las grandes montañas inmóviles; los ríos, dialogando bajo los primeros ardores del sol, llenan las rocas de caricias; los mares azules cantan armoniosamente como en la mañana del mundo; y todo dice que nada ha cambiado, que la naturaleza es la misma, que la humanidad sigue tranquilamente su camino hacia la muerte; y que la tierra, jubilosa y ardorosa, como un animal en celo, se siente joven y fuerte, capaz de alumbramientos desconocidos.

LA SIGUANABA

Yo me acuerdo de una dulce canción alemana, de una canción de Heine, tan triste como algunos versos del Intermezzo, tan llena de susurros como los pinos de la Selva Negra, tan impalpable como las pálidas nieblas del otoño...

Es una canción que puebla mi alma de reminiscencias de cuentos de hadas, de brumosas narraciones góticas, de leyendas germánicas referidas al calor y a la paz del hogar, mientras la cerveza hierve en las jarras, corre a lo lejos entre los viñedos murmurando el Rhin y el viento gime en los deshojados árboles del huerto, que tiritan bajo la lenta lluvia de plumillas de nieve. Es la canción de Lorelei, la canción de la Siguanaba alemana, más terrible y más pérfida que la nuestra:

No sé lo que por mí pasa,
que tal tristeza me da:
un cuento de edad remota
clavado en mi mente está.

Sopla el cierzo y anochece,
y tranquilo corre el Rhin;
la cumbre del monte dora
el sol que baja a su fin.

Sentada allá arriba se halla
la más hermosa mujer
relucen sus joyas de oro,
de oro es su pelo también.

Se peina con peine de oro,
se peina y canta a la par,
y tiene mágico hechizo
su melodioso cantar.

Esta balada muchas veces me trae a la memoria el lejano recuerdo de mi niñez, cuando sentado en el umbral del hogar, al toque de oraciones, oía en religioso silencio los inocentes cuentos que nos refería una buena y sencilla anciana, que Dios debe tener en su seno, porque estoy seguro de que se murió libre de todo pecado, si acaso puede suceder esto en este valle de lágrimas.

Después que las esquilas llenaban de lentos rumores metálicos el aire, cuando agonizaban sus pausadas voces de bronce en el vacío, la jovial viejecita, repasando las cuentas de su rosario, sentada en la invariable butaca de cuero, con su aspecto de no mentir jamás, porque ella también lo creía de buena fe, nos contaba, tosiendo a intervalos, algunas leyendas lugareñas de duendes y de apariciones.

Pero lo que más influía en mi imaginación, lo que más me preocupaba por aquel tiempo, lo que más atraía mi interés, era el cuento de la Siguanaba, un cuento burdo que no dejaba de llenarme de cierto terror.

¡Ah! ¡La Siguanaba! ¿Conque era cierto que existía aquella mujer? ¿Conque se la encontraba en los ríos, en los remansos poco profundos, bañándose a la claridad de las noches serenas?

¿Conque a veces, a la boca de la oración, tal vez a la media noche, aparecíase junto a las quebradas, en las llanuras solitarias, a la falda de ciertos montes, envuelta en la dudosa luz del crepúsculo o en la atmósfera de plata de nuestras lunas llenas?

—Yo la he visto, con estos ojos que se ha de comer la tierra —decía la narradora, viendo en nuestros semblantes pintada cierta incredulidad—. A veces se aparece bajo la forma de una vieja cubierta de ropa sucia, buscando algo entre la yerba de los campos; a veces en los ríos, con el aspecto de una hermosa joven que canta con voz dulce, mientras golpea sus harapos contra las piedras del lavadero; entonces es más peligrosa porque llama a los hombres, y cuando éstos se acercan a ella, los arrastra al fondo de la poza, de donde jamás vuelven a salir. Es muy mala: ¡cuidado con la Siguanaba!

Tanto nos repitió esto, que al fin acabamos por creerlo. Yo, si he de ser franco, siempre me la figuré joven, bella, atrayente: casi llegué a amarla por el misterio de que estaba rodeada.

Así se deslizó mi infancia, llena de inocentes creencias, arrullada por sencillos cuentos, mecida por vagas y dulces leyendas.

Muchas veces ansié encontrarme con la Siguanaba, verla de cerca, saber si realmente existía.

Porque aquella mujer errante, aquel hermoso fantasma de los senderos pedregosos, de los campos cubiertos de matorrales y de espinos, de las rumorosas playas de los grandes ríos, de las laderas de las montañas, atraía vivamente mi imaginación soñadora y febril, en la que, como pájaros implumes, estaban adormecidos y aletargados mis delirios y mis ansias de joven.

¡Cuántas veces, en los parajes sombríos, creí escuchar el eco de su voz en el rumor del viento venido de los bosques profundos!

¡Cuántas veces, a la hora del toque de oraciones, me pareció que iba a alzarse de pronto entre las altas yerbas temblorosas, tras las próximas zarzas, en el obscuro límite del horizonte!

¡Cuántas veces, cerca de las cascadas espumantes y rugientes, en la margen de los ríos orlados de nenúfares y sombreados por ceibas corpulentas, a la melancólica claridad de la luna, cuyo disco parecía, en el azur despejado y tranquilo, una claraboya de luz, me pareció de súbito escuchar su acento a lo lejos, como entre los enormes peñascos, tras las matas de los salvajes lirios acuáticos, siendo así que era el ruido parlero de la cascada o la canturria monótona de las aguas del río!

¡Ah! No la vi, no veré jamás a la Siguanaba. Huyó mi niñez y también huyó con ella; huyó para siempre. No la buscaré más en las campiñas, no la buscaré más en los montes, no la buscaré más en los ríos. No está ya en ninguna parte, no aparece por ningún lado: sólo la viejecita, la pobre viejecita aquella, pudo verla y morirse creyendo en que de veras existía.

Dichosa la anciana, dichosa mil veces. Dichosos los que piensan aún en la Siguanaba; dichosos. Ellos tienen todavía creencias, gozan y sufren con las leyendas de antaño, viven una vida feliz, la vida de la eterna infancia del cerebro y de la eterna sencillez del corazón.

No son como yo que perdí para siempre la fe; que he sido disciplinado con disciplina de hierro por una civilización descreída; que he absorbido los éteres mortíferos del pesimismo contemporáneo; que he sido impasible testigo de un duelo a muerte entre las seculares ideas y los nuevos principios; que he visto a mi alrededor desvanecerse, como jirones de niebla, los fantasmas que turbaron el sueño de mi generación. ¡Qué no diera hoy por volver a creer en la Siguanaba, por volver a sentir los temores que me hizo sentir en mi infancia!

Todo lo que he aprendido sobre los pedantes libros de los retóricos griegos, de los poetas latinos, de los brumosos filósofos alemanes.

Todas las negaciones y afirmaciones de Heráclito y Demócrito; todas las odas de Horacio y de Virgilio; todas las dudas de Hegel y los sublimes pensamientos de Kant.

Todo, todo eso diera. En cambio me quedaría un corazón puro, una alma sencilla y límpida, llena de creencias vulgares, pero inofensivas; y la fe, sobre todo, la fe en el Dios de mis abuelos, que estaba medio oculto entre grandes nubes, con los brazos extendidos sobre el mundo terrestre, la barba celestial caída sobre el pecho y los ojos cargados de siglos.

NATURA

Una de estas tardes estaba sentado a la margen de nuestro río, sobre una de esas grandes lajas erizadas de ásperos poliedros y de ángulos rudos.

Un musgo raquítico, verde, húmedo, medio oculto bajo las hojas secas, crecía miserablemente entre los huecos donde el río había dejado un poco del limo que arrastra en la estación de las lluvias.

Varios árboles entrelazaban su ramaje sobre mi cabeza, formando una especie de dosel, a través del cual, sin embargo, tamizábase suavemente el sol, bañando de una claridad de oro el fondo transparente del agua que corría con mansedumbre a mis pies.

Un centenar de insectos acuáticos, de largas y débiles extremidades, se deslizaba con vertiginosa rapidez sobre la tibia superficie resplandeciente. Corrían, saltaban, huían, se aproximaban, formando círculos, extrañas figuras geométricas o diseminándose instantáneamente por todas partes.

Enfrente, en la orilla opuesta, veíase una gigantesca roca cortada a tajo por un ciclope hace cincuenta siglos.

A la ceja de ella se asomaban varios matorrales espinosos, ásperos, casi agresivos, y algunos extraños arbolillos, en raras actitudes, en estrambóticas posiciones, medio doblados de rodillas o en ademán de arrojar- se al fondo de la poza cercana.

Hundido en un mar de pensamientos, veía distraídamente desde el lugar donde me encontraba, el agua murmuradora que corría cerca, el precipicio que tenía enfrente, los peñascos bravíos que se alzaban a lo les ceñidos de un cinturón de espuma borbollante.

Iba a ponerme de pie, porque la tarde moría en el ocaso tiñendo el cielo de todos los colores del arco iris, cuando algo que se agitaba ante mis ojos me llamó la atención.

Un gusano, un gusanillo de color verde claro, más claro que el de las hojas de las ramas que tenía sobre mí, flotaba temblando en el aire, mecido por una fresca ráfaga de viento venida del próximo soto.

¿De qué modo estaba suspendido el diminuto insecto? ¿Cómo era posible que se atreviera a lanzarse a un abismo tan grande para él como para nosotros el espacio atmosférico? ¿Qué razón lo había empujado a buscar lo desconocido?

A completa merced del viento, el pobre no tenía un momento de tranquilidad y así era llevado y traído constantemente; pero, cuando aquél dejó de balancearlo con peligro de su vida, poco a poco fue descendiendo hasta tocar en la roca,.

Pude entonces fijarme en él. Un hilo finísimo, más fino que el hilo de las Parcas, más fino que el filo de la hoja de acero más afilada, cien veces más fino que el hilo de una araña; un hilo que habría desesperado a uno de esos admirables tejedores de la India, poníalo en comunicación con la rama de donde descendiera un momento antes.

Probablemente, en busca de sustento más delicado y tierno, había bajado al suelo, porque en seguida lo vi trepar a un débil tallo, el que empezó a roer con voluptuosidad y delicia, hinchando sus minúsculos anillos, sin fijarse en un moscardón que zumbaba cerca de él, arrojándole miradas amenazadoras con sus ojitos saltones y sangrientos.

Poco después hubo una desesperada lucha, un duelo a muerte entre los dos, que me pareció el choque de una de esas águilas leonadas de garras férreas y pupilas como ascuas, con una de esas enormes serpientes crecidas al calor y a la humedad de los bosques vírgenes.

A pesar de la heroica defensa que hizo el mísero, no pasó mucho tiempo sin que fuera presa del alado bandido, quien después de matarlo, comenzó a chupárselo lentamente, de igual modo que los pulpos se chupan a los cangrejos en el tranquilo fondo de las vastas bóvedas marinas.

Aquel terrible espectáculo se cambió por otro más repugnante. El vivo arrastraba al muerto sobre el campo de batalla, hacía befa de la suerte del infeliz, manchaba con una saña el triunfo conseguido.

No de otro modo el furibundo Aquiles, después de vencer al ligero Héctor, lo ató por los talones a su veloz carro de guerra, arrastrándolo así alrededor de los muros de la ciudad sitiada, sin que lo enternecieran los alaridos de las mujeres de Ilión.

Sentí un odio mortal, un odio profundo contra el vencedor. ¿Por qué le había quitado la vida al otro? ¿Qué ofensa le había hecho aquel miserable ser, para que se vengara en él de una manera tan espantosa? ¿Qué terrible misterio ocultaba aquella escena que había tenido un fin tan trágico?

Estaba haciéndome estas reflexiones, cuando he ahí que un pájaro tornasolado cae con la velocidad del relámpago sobre el moscardón, arrebatándolo del suelo y llevándolo prisionero en el pico por donde antes, sin duda, había brotado un raudal de armonías.

Mis ojos, fijos en aquellas escenas, se humedecieron entonces, no sé si de placer o de dolor. En un segundo averigüé uno de los más terribles y sombríos misterios de la naturaleza, ante el cual no valen nada los de Eleusis: el misterio de la vida y de la muerte.

Aquel gusanillo devorando el tallo, aquel moscardón devorando al gusanillo y aquel pájaro devorando al moscardón, me revelaron el equilibrio de la vida, el equilibrio de la naturaleza, el portentoso equilibrio universal.

Si no fuera por esa caza inconsciente y despiadada, tal vez la materia sufriría una plétora mortal. Pero no; la materia no aumenta ni disminuye, la materia no está sujeta a ciertos vaivenes, la materia no puede reducirse, ni tampoco desbordarse del vasto recipiente de la Creación.

Una suprema sabiduría ha organizado el laboratorio de la naturaleza; una suprema voluntad hace girar armoniosamente la vida en eternos círculos; un arte supremo talla los mundos que, disparados por su órbita sublime, van rompiendo por los cielos sin fin.

Los seres se comen a los seres. De otro modo no se podría vivir, ni se podría morir. Esto parece monstruoso; pero no es así. Devorados y devoradores, cumplen una ley ciega, un fatalismo inexorable, un decreto de la Providencia.

En el aire, en la tierra y en el mar, está patente esa lucha por la vida y por la muerte. El milano devora a la paloma; el tiburón devora al atún; el tigre devora al antílope; y el hombre, el hombre mismo, devora al hombre.

¡Qué grande es esto, visto desde las altas cúspides del espíritu! ¡Qué sabio, qué bondadoso, qué bueno parece Dios, si reflexionamos en este problema gigantesco y misterioso, planteado por todas partes con cifras vivientes, que tienen voluntad e instinto!

La muerte devora a la vida y la vida devora a la muerte. ¡Las células se devoran las unas a las otras, pasan por todos los intestinos de la Creación, y se dilatan, en el infinito curso de los siglos, en nervios, en músculos y en cerebros, a través de todas las transformaciones y evoluciones palingenésicas!

EL GRILLO

El grillo es más viejo que las inscripciones de las pagodas indostánicas, que los ladrillos cuneiformes de Babilonia, que las apergaminadas momias de Egipto. El grillo es contemporáneo de la selva carbonífera.

En medio de aquella vegetación monótona, en la glacial obscuridad del mundo primitivo, el grillo, rey y señor del planeta, cantó mucho tiempo, tal vez algunos siglos, oculto en los rumorosos follajes.

De este modo se acostumbró a la sombra, a encariñarse con las tinieblas, a vivir en la dilatada noche que envolvió el mundo naciente, aún no purificado de los miasmas del Caos.

Él, desde el fondo de los temerosos bosques, vio las primeras bandadas de enormes cocodrilos, abriendo las jetas sobre los pantanosos ribazos, que limitaban los terribles mares de entonces.

Él vio a los colosos de las olas, a los ictiosauros y plesiosaurios, abortos de un génesis delirante, devorarse a terribles dentelladas en la cima de una montaña líquida, rechinando las mandíbulas de hierro, retorciendo sus metálicos anillos de dragón y azotando con la cola el hervor oceánico.

Él, debajo de una hoja, en un hueco de la corteza de un árbol, escondido entre los guijarros, oyó el rumor de los pasos de los rebaños de monstruos de los colosales cuadrúpedos; escuchó los resoplidos de sus elásticas trompas alargándose entre las yerbas, y sintió que desgajaban a su alrededor, arrancadas de cuajo por sus hocicos formidables, las corpulentas ramas de los grandes árboles.

Él asistió a la edad de piedra y conoció al velludo oso de las cavernas y al reno, que llevaba sobre el testuz un bosque de cuernos.

Cuando vino el reino de la luz, cuando el sol brilló alegremente sobre las sombrías cordilleras, el grillo se puso, triste, sintió la nostalgia de la obscuridad y colgó su violín entre las hojas, que empezaban a colorearse de un verde brillante.

Así se explica su silencio durante el día; su indiferencia por todo lo que está bañado de fulgores, su desprecio por la flora del mundo contemporáneo.

Es un asceta, una especie de monje entre los insectos. Nunca sale de su agujero, de su cueva, del rincón en donde vive.

Casi no tiene idea de lo que es nuestra naturaleza, porque no la ha visto a la luz del día, ni quiere tampoco verla.

Es uno de esos retrógrados inconscientes del mundo animal; un infeliz sonámbulo de la gran noche que siguió al relámpago del génesis; un extraño en la Tierra actual.

Nunca ha visto una mariposa, ni sabe lo que es una libélula, ni ha tenido coloquios de amor con las violetas, ni se ha dormido sobre el voluptuoso seno de las rosas de abril.

Es un músico desgraciado. Su instrumento, su monótono y viejo violín, no tiene más que una cuerda, una chillona y destemplada cuerda, que él hace sonar incansablemente en las largas horas de la noche, lamentando su mísera suerte y echando de menos su tenebroso reinado de otros tiempos.

Por eso su serenata es tan triste. Oyéndola, fijándose en ella, siguiendo su chirrido sin término, vienen vagamente a la memoria las épocas geológicas, se hunde la imaginación en un caos informe, y aparecen, en un crepúsculo indeciso, vegetaciones raras y fantásticas.

El grillo se calla a la aurora. Presiente la luz, la odiada luz, y se oculta tímidamente. Buscadlo entre las matas, buscadlo en el césped, averiguad su paradero y es fácil que no deis con él.

Pero si os empeñáis, si persistís en vuestro intento, si removéis las piedras, un insecto obscuro brincará ante vuestros ojos, procurando ocultarse por todas partes.

Es el grillo, el infeliz proscrito, el eterno desterrado del día, que huye, saltando trabajosamente en busca de un asilo miserable en dónde ocultar su vergüenza y su timidez.

Dejadlo escaparse; no lo persigáis; no cometáis la ingratitud de matarlo. Acordaos de que cuando él vino al orbe; de que cuando él alegraba la horrible selva carbonífera; de que cuando él imperaba como dueño del mundo vegetal, el hombre, el déspota de hoy, el que arranca el rayo del vientre de la nube, el que arranca el coral del fondo del océano, el que arranca el oro de los riñones de la roca, aún no pisaba con el pie desnudo la tierra virgen, ni había vencido al león africano, ni había domado al corcel árabe, ni había sentido la cariñosa lengua del perro lamiéndole las plantas.

LAS OLAS

El mar era vasto, fosforescente, misterioso.

Monstruosas sombras abrían sus fauces negras delante del vapor, a ras de la liquida superficie, mudas, enmarañadas, hoscas, llenas de vagos pliegues, de casi invisibles estremecimientos, como si gozaran de vida real sobre la gran palpitación de las aguas.

Arriba —en el fondo de un cielo impasible— había un moribundo centelleo de astros; y abajo, en el elemento salobre, como enormes luciérnagas, como colosales sierpes lívidas, como la estela de plata de un meteoro, saltaban puntos luminosos, enroscábanse círculos de fuego pálido, y brillaba la estela del vapor, que movía su máquina y sus hélices, rompiendo la red liquida, golpeando el agua, haciendo estallar furiosos copos de espuma, y produciendo un traqueteo sordo y monótono.

Y una fresca brisa soplaba trayendo una oleada de exóticos perfumes, humedeciendo las frentes ardorosas y pensativas, alborotando las cabelleras descubiertas, hinchando los pulmones y el pecho abierto al horizonte.

Y arriba seguía el centelleo de los astros. Y abajo el ruido de las olas.

¿Cantaban? ¿Reían? ¿Lloraban? A veces hería los oídos un como canto triste, tristísimo; después risas femeniles brotaban del abismo del mar, y luego sollozos, sollozos vagos, contenidos, desgarradores, que se llevaba la brisa, la brisa húmeda y fresca.

Y ¡oh poetas, oh soñadores, oh magos de la leyenda! Los viajeros pudieron percibir extrañas voces como que si hablara cada ola.

—Yo soy la Ondina, hija del verde mar. Mis ojos melancólicos son glaucos como él. Habito un palacio submarino hecho de conchas irisadas. Yo sé dónde se esconden las perlas de mis dientes y el coral de mis labios. Soy inmaculada como la nieve, y tengo el corazón frío, aunque ya amé a un náufrago de bozo de oro, a quien encontré muerto sobre la blanca arena de una playa, sin que lo pudieran revivir mis besos helados. Ningún mortal ha podido ver las delicadas curvaturas de mi admirable cuerpo.

—Yo soy el Tritón, el viejo Tritón de la historia olímpica. Conocí a Neptuno, al padre Neptuno, y vi nacer a Venus de entre la cándida espuma. Surgió llena de belleza, de majestad y de amor. Yo estaba tras una roca, espiando aquella prodigiosa desnudez, bañada por los fulgores de la aurora. Después tras la muerte de Júpiter, me atreví a salvar las columnas de Hércules y heme aquí a merced de este viejo loco del océano, que se tambalea como si se hubiera bebido mil ánforas de Chipre. Gústame el soplo de la tempestad, y voy dando saltos monstruosos sobre las ondas irritadas, lanzando al viento, mi viejo amigo, las ásperas notas de mi canto.

—Yo soy la Sirena, la bella y aleve Sirena. Dióme la mujer la armonía de su espléndido torso y el pez su cola de escamas brillantes y fulgores extraños. Canto a la luz perlada de la luna, bajo la tibia superficie del mar en calma, o en el escollo, donde hago estrellarse los débiles esquifes y las enormes naves. Mis ojos son de un purísimo azul marino, y sólo los náufragos han visto el ensueño de mi seno y mis armoniosas caderas, llenas de una voluptuosidad infinita, desconocida para el hombre. Y en esto el viento, batiendo las alas con más furia apagó aquellas extrañas voces, en tanto que el vapor seguía rompiendo las aguas con su traqueteo sordo y monótono.

LA ROSA

Acababa de surgir la Tierra del Caos, a la voz del Omnipotente Ser Supremo.

Envuelta entre cándidas nubes, como en velo de desposada, recibía con emoción, en el blando tálamo del azul, el primer beso de fuego del sol, de su almo enamorado, de su ardiente esposo, que le derramaba luz en su seno fecundo y negro.

¡Cómo se recreaba sobre ella la generosa mirada del gran Dios, desde su trono de astros del infinito!

Le había dado para sus sienes la corona de luminosas estrellas del abismo; para sus labios la lluvia húmeda y fresca; para su seno la inagotable fecundidad. Tenía por cabellera las ásperas montañas; en sus entrañas se cuajaba el oro, y reflejábanse sus enormes caderas de granito en el tembloroso espejo de los mares.

En el Edén celebrábase una fiesta de luz y de amor. Sonaba entre los follajes paradisíacos un como concierto celestial, que ponía temblor de armonía en las altas yerbas, en las fuentes que se desataban en espuma, en las serpientes que se enroscaban con voluptuosidad a los robustos troncos, en los leones que sacudían blandamente la crin hirsuta, en los tigres que se desperezaban bajo la cálida caricia del sol y en el membrudo elefante, que resaltaba majestuoso, en medio de aquella vegetación exuberante y soberbia, humedecida con el rocío primitivo.

Y el padre Adán era el rey del edénico Jardín, donde lo había puesto el Señor para que gozara de todos los frutos, menos del fruto del misterioso árbol de la vida, que le estaba prohibido, porque guardaba en su sabrosa pulpa el jugo del supremo deleite.

Los lirios dábanle su perfume; el panal, la miel rubia y grata; las grandes ramas, su confortable sombra; el césped, mullido lecho; y Eva, la que después lo incitaría al pecado, la cándida sonrisa de su virginidad en flor.

Y él se paseaba feliz por los tibios senderos, bajo las frondosas higueras, entre los fragantes arbustos, envuelto en la armónica oleada de un como concierto celestial...

Al pie de un venerable cedro, entre las verdes hojas, veíase una flor admirable.

Era más blanca que el plumón del cisne; más blanca que la nieve de la montaña; más blanca que la espuma marina; más blanca que el vellón de un cordero pascual; más blanca que la errabunda nube del azul más blanca que la tierna epidermis de Eva, que cerca, sentada entre floridas matas, acariciaba con sus gráciles manos la enorme cabeza de un tigre ágil y nervioso, de lengua roja entre los dientes agudos, y de ojos verdes, echado con mansedumbre a sus pies.

Acercóse Adán a la flor.

Ella, avergonzada plegando sus pétalos, escondiase entre las hojas de esmeralda; pero él, ante aquella casta desnudez, fijó una mirada en el seno de su corola; y la flor de nieve, bajo la influencia del pudor, fue coloreándose de un tinte sonrosado como el de la encarnación seráfica...

Y así te quedaste para siempre ¡oh flor divina, oh virgen edénica, oh reina de todas las flores!

MR. BLACK

A Antonio Callejas.

Creo que si volviera al lugar donde estuvo la escuela de Mr. Black, se despertarían extrañas reminiscencias en mi memoria, tal como le sucedió en Londres a Edgar Allan Poe, al volver a visitar la escuela del dómine Brandsby; pero, aunque volviese allí, tendría, que hacer un gran esfuerzo mental para reunir los pensamientos que abandoné hace doce años en el vetusto caserón, porque hoy, en el lugar de él, álzase un elegante edificio moderno, donde se oyen sonoras carcajadas femeniles y músicas de instrumentos de cuerda, en vez de los ayes de los párvulos martirizados por las disciplinas del ogro, que durante el día nos enseñaba aritmética, y por la noche, a la luz agonizante de una lámpara de alquimista, nos hacía rezar el rosario, de rodillas sobre las baldosas de la celda que le servía de cuarto.

Creo innecesario decir que cuando alguno de nosotros cabeceaba, rendido por el sueño, era agarrado de la oreja por la mano de Mr. Black, y columpiado cerca del techo, donde se despertaba dando alaridos. Poniéndolo en el suelo otra vez, el gigante continuaba su interminable rosario, con voz monótona y pacata, golpeándose el pecho, mientras nosotros nos veíamos a hurtadillas llenos de terror.

Para figurarse con verdad a Mr. Black, hay que describir el edificio de su escuela, tal como era cuando yo viví en él durante tres años mortales, que no olvidaré ni en la otra vida, con ser que allí se olvida todo.

Imaginaos una antiquísima casa, llena de telaraña con las tejas cubiertas de musgo y con un patio empedrado de guijarros volcánicos, probablemente del periodo paleolítico; patio desconocido de los pájaros del celo y donde jamás había nacido una sola flor. Horribles paredones negros lo aislaban de toda comunicación con las vecinas casas, y sólo de cuando en vez por una rara casualidad, asomábase a él, desde lo alto, uno que otro gato perdido, que lo examinaba atentamente lleno de asombro, con los bigotes erizados, yendo en seguida a grandes saltos. Los murciélagos y las lechuzas, a la luz de la luna, aleteaban en él, los ancianos pilares proyectábanle sus sombras y los grillos lo asordaban con sus monótonos chirridos. En la noches tempestuosas, el viento aullaba sobre el edificio, sacudiendo aquella vieja armazón, cubierta del polvo de cien años, como si quisiera arrastrar su descarado esqueleto de vigas. El sol, por la mañana apenas calentaba aquellos corredores húmedos, donde sonaban huecas las pisadas y los ratones tenían sus agujeros. Un fuerte olor a moho, a vejez, a hongos podridos se cernía de continuo en aquel ambiente, que, como el agua de ciertas fuentes las raíces que va mojando, tenía la cualidad de petrificar lentamente las carnes de los niños, dándoles el color de la piedra pómez y cubriéndolas de un polvillo terroso.

A esa maldita escuela fui llevado un día de enero, a las ocho de la mañana, cuando apenas contaba die años. Al ir a entrar, volví maquinalmente los ojos a la calle, que no volvería a ver más, para despedirme del tibio sol que bañaba las paredes de las vecinas casas de dos o tres pilluelos, mis amigos, que me habían seguido de lejos con caras tristes; y de dos bueyes, gordos y mansos, que pasaron en aquel momento, repletos sin duda de jugosa yerba y de felicidad. Cuando entré a la sala de clase, completamente desmantelada, varios niños volvieron tímidamente los ojos hacia mí, apartándolos de sus pizarras, donde probablemente resolvían un problema. Eran como veinticinco, sentados en bancos de pino. Reinaba un profundo silencio, apenas interrumpido por el chirrido de los pizarrines al trazar las cifras o por la tos tímida de alguno de aquellos infelices, en cuyos semblantes se pintaba el miedo.

Mr. Black, a quien no conocía sino por la terrible fama de que gozaba entre los párvulos de las escuelas, estaba inclinado en ese momento sobre una gran mesa, donde se veían algunos libros de tiempos remotos, una palmeta enorme, un ancho tintero de barro y unas disciplinas de cuero de res, negras, horribles y nudosas, que conocían las espaldas de una generación de niños. De lejos veíase únicamente la parte superior de su cabeza puntiaguda, cubierta de un pelo crespo y gris. Como sintiera mis pasos en la puerta, se enderezó, y dijo con una voz seca, que zumbó ásperamente en mis oídos: "¡Entre!". Yo entré lleno de pavor, aunque cruzó por mi mente la idea de escaparme a todo correr por la calle próxima.

Desde esa hora, después de algunas explicaciones en que se habló de mi carácter fuerte, de los latigazo que debía darme aquel verdugo para domarme, y de otras cosas por el estilo, quedé incorporado a aquella sucursal de la Inquisición, y empecé, para evitar pérdida de tiempo, a copiar allí mismo el problema que estaban resolviendo mis compañeros de infortunio. Era una maldita resta, por la que se trataba de averiguar cuántos años tenía el maestro. Los números, rígidos y estirados, escritos con tizate por la mano de Mr. Black, se destacaban como enjutas figuras geométricas en el fondo negro del pizarrón. Cada uno de ellos era el retrato del que los había trazado con los huesosos y largos dedos de su mano, capaz de perforar una mesa de un solo impulso. Si aquellos números, casi misteriosos, parecidos a jeroglíficos egipcios o a fórmulas mágicas, se hubieran juntado por el capricho de un hechicero, indudablemente que la silueta angulosa de su autor habría aparecido de repente en el pizarrón. Yo no podía imaginarme aquellos guarismos, sin imaginarme a Mr. Black, y viceversa. Entre él y ellos había un lazo invisible, una relación misteriosa, un parentesco raro. Eran sus hijos, sus esclavos. Parecía que estaban doblegados a su voluntad, que obedecían sus caprichos, que estaban ciegamente a sus órdenes. Si él les hubiera dicho con su terrible voz "¡Números, a la mesa!", los números, desprendiéndose como por encanto de su puesto, irían enseguida a colocarse en ella, respetuosamente inclinados. Si él les hubiera dicho: "Números, a mi cabeza", los números, subiéndose por sus largos brazos, entrarían en ella por su boca, por sus orejas, por su nariz y por sus ojos: tal homogeneidad existía entre aquel hombre y aquellos guarismos.

Como ninguno de nosotros resolvió el problema de encontrar su edad —cosa del todo imposible, porque sin duda se le había muerto de vieja, o tal vez nunca la tuvo, lo que es más probable— levantóse de su taburete, y después de dar de latigazos a los más grandes, cogió el tizate y se dirigió al pizarrón. Los números, viéndolo acercarse, hicieron una mueca, que era una sonrisa, alineándose gravemente sobre la horizontal.

Entonces pude verlo y considerarlo bien. Era un hombre cerbatana, como el dómine Cabra de Quevedo; una alta osamenta cuyos huesos chocaban a cada instante: una como momia colosal metida en una levita milagrosa, del color de la miseria, cortada por la desgracia, raída por el hambre y empolvada por el tiempo. Sus pantalones de panilla ocultaban unas piernas inverosímiles y temblorosas, que parecían de avestruz, o con más verdad, de alambre, cuyas choquezuelas crujían a cada momento; temíase que los tales órganos de locomoción se quebraran como una caña. Su calzado de suela, con señales de muchos remiendos de zapatero de viejo, veíase cortado sobre los dedos, por temor de los callos, que tenía muchos y muy grandes.

La pechera de una camisa, o de una mugre que parecía tal, enemiga de lavanderas, desconocida del agua, mal vista con la plancha, asomábase por entre el chaleco, o centro, como decía él, flojo sobre su abdomen inverosímil, digo, sobre su espinazo, porque lo que es vientre no tenia, ni le hacía falta para maldita cosa. No tenía color su rostro, sino era cuando montaba en ira, que entonces se bañaba del de la muerte, aunque de por sí estaba de pecas y de cicatrices. Terminaban sus flacos brazos en manos más flacas, que terminaban en dedos más flacos aún, de donde salían diez uñas enflaquecidas de tanta flaqueza; cada dedo, así con aquella uña negra, era a propósito para gancho del tridente del diablo. La cabeza, cabo de aquella tranca de hombre, era nido de terquedades, terreno ingrato para retóricas, bosque virgen para los peines, refugio seguro de las pulgas proscritas de su pescuezo. Bajo sus párpados llenos de fatiga, palidecían sus ojillos miopes, defecto que favorecía nuestras risas desde lejos, aunque a veces, por sólo un culpable, caía el látigo sobre chicos y grandes. Por entre las ventanas de su nariz de lobo, velase un vello color de tierra, pareciendo que dos arañas tejieran sus telas allí.

A los lados, dos patillas anémicas, queridas del desaseo y viudas sin consuelo del jabón, caían melancólicamente sobre su mandíbula inferior, que a veces se doblaba sobre su pecho, digo, sobre sus costillas, que podían doblarse sin duda sobre su espinazo, que a su vez lo haría sobre sus piernas; tal facilidad para ello indicaba aquella armazón de resortes. Sus grandes orejas parecían conchas de ostras; su boca, o mejor dicho, la abertura que hacía de tal órgano entreabríase y mostraba un colmillo negro y encorvado, semejante a una bruja en el fondo de su cueva; y su pescuezo arrugado, estirábase como el de ciertas aves de rapiña en dirección del menor ruido. Sentado me pareció un número 4: de pie, un gran número 1; y encogido sobre el pizarrón, un número 7.

Resuelto por Mr. Black el problema de averiguar los años que tenía, salió tal cantidad, que él mismo no dejó de asombrarse, con ser que hacía un siglo que no llevaba la cuenta. Después me dijeron que no tenía edad, y hasta que no era hijo de mujer, como todos los hombres; pero esto nunca lo creí del todo. Ni tampoco que tuviera pacto con el diablo; ni que no comía carne de puerco ni de vaca, sino ratones tiernos y alguna que otra lechuza; ni que su levita le creció con los años —y en eso sumaron siglos— como la túnica inconsútil de Nuestro Señor Jesucristo; ni que en un arcón viejo, al lado de la tarima donde dormía con un ojo abierto y el otro cerrado, tenía calaveras y canillas de muerto, con unos pergaminos que contenían secretos de cábala. Todos estos rumores, dichos al oído de los alumnos, contribuyeron a que le cobrara un supersticioso terror a Mr. Black, que se aumentó cuando oí asegurar que había nacido antes del Diluvio, y que se salvó de la catástrofe, escondiéndose en el arca, entre las jirafas y los camellos, por lo que no llamó la atención de Noé. Algunos dudaban de esto; pero tenían por cierto que varios astrólogos caldeos, según constaba de un ladrillo cuneiforme, encontrado en las ruinas de Nínive, lo vieron con la misma levita en la torre de Babel. No faltaba quienes aseguraran, fundándose en un jeroglífico de una de las galerías de Memfis, y firmado por un sacerdote de Isis, que en tiempo de uno de los faraones había tenido la ocupación de envolver y pintar momias; pero la versión más racional, y que merece entero crédito, es la que cuenta que vino a América escondido en el fondo de uno de los buques de Colón, saltando a hurtadillas a tierra de Honduras en Punta Caxinas, y que después, corrido el tiempo, dedicóse con tesón a dar las cuatro reglas a los niños, ayudado asiduamente por la palmeta y las disciplinas, que después supe apreciar en su justo peso y valor.

LA TRISTEZA DEL LIBRO

Ni los griegos, tan dialécticos y gárrulos, maravillosamente equilibrados, cuyos representantes, más que Platón y Sócrates, tipos esencialmente antihelénicos, serían Aristóteles y Aristófanes; ni los romanos, cuya alma, taciturna y cruel, era de una sola pieza; ni los hombres de la Edad Media conocieron la tristeza del libro, la melancolía de las enormes lecturas.

Encerrados los conocimientos humanos en las bibliotecas de Atenas, Roma, Pérgamo y Alejandría, y en los herméticos conventos de la época feudal, a pocos hombres les era dado abrevarse en las sagradas fuentes de las ciencias y las letras. Las copias de las obras originales eran escasísimas, de tal modo que la difusión de su contenido nunca llegaba a las masas populares, tan ignorantes en los tiempos de Pericles y los Tolomeos como en los de Roosevelt y Eduardo VII, quedándose, en calidad de misterioso depósito, en el círculo de los sabios, de los sacerdotes y de algunos hombres muy eminentes por su posición social y oficial.

Pero con la invención de la imprenta el libro se multiplicó con la facilidad de los panes y los peces del milagro. Millares de millones de volúmenes han sido, desde entonces, arrojados a la circulación de tal modo que el libro se ha puesto al alcance de todo el mundo. La influencia depresiva que ha alcanzado sobre el alma moderna, tan heterogénea y dolorosa, es de todo punto innegable. En la tristeza ambiente de los últimos tiempos tiene tanta parte como el alcohol y el tabaco, porque en la forma que hoy se gusta, es uno de tantos variativos como hay, un verdadero excitante cerebral, origen de profundas neurastenias. En tiempos mejores fue una especie de sedante, una bebida espiritual aromática, que ponía en caja el sistema nervioso. Hoy —con raras excepciones— no lo es. Porque la ciencia y la literatura adolecen —de alguno años acá— de una cierta neurosis, que se deriva de los desequilibrios e idiosincrasias de todos los sembradores y productores de ideas. De este modo, el libro, que era una cosa inocente, ha llegado a convertirse en un motivo de tristeza y de dolor, para hacer más angustiosa la vida del hombre moderno, que ya es un tipo zoológico que presenta todos los síntomas de la de generación física y psíquica, agotado por algunos miles de años de civilización.

De esas bibliotecas y librerías, donde se amontona la producción mental de los hombres de todas las razas y los tiempos, se desprende una sutil tristeza, una especial melancolía, algo que no es más que el inmenso dolor del espíritu humano, condensado en miles y miles de volúmenes. Por eso, los que han hecho provisión de una vasta lectura, tienen en la faz cierto matiz de tristeza, una disposición orgánica a estar siempre melancólicos o hipocondriacos, agobiados por el atlas de ideas que penosamente llevan encima.

Para todos aquellos en quienes la lectura ha tomado el carácter de un vicio, cada volumen llega a ser, a la postre, no una fuente de placer, sino más bien de sufrimiento. Tal les sucede a los alcohólicos y a los morfinómanos, para quienes una copa o una inyección más, es motivo de un recrudecimiento del malestar orgánico que les postra y atormenta, después de los gratos y fugitivos placeres del tóxico.

El libro, pues, es una cosa triste, un productor de melancolía, ya nos dé en sus páginas el alma antigua, ya nos revele las complicaciones del alma moderna. Es la mejor muestra —sin pesimismos cursis— de que todo lo material y artificial que nos rodea tiende a demostramos que el hombre, en su peregrinación por la tierra, camina un verdadero viacrucis, aguijoneado por sus inagotables deseos, sediento siempre de un ideal impreciso. Gran parte de la angustiosa psicosis contemporánea nos viene de esas bibliotecas donde están acumulados los ideales, dudas y dolores de los siglos. ¡Pero tales bibliotecas son nada menos que la forma concreta y tangible de la civilización!

EL DOLOR DE PENSAR

El acto de pensar, el esfuerzo psíquico de producir una idea es, como el parto, un suceso doloroso. Los espíritus contemplativos que sueñan frente a la naturaleza, con aquellos apacibles ojos de vaca que Homero le dio a Juno, sin trasladar al papel sus laberínticas reflexiones, no sufren el tormento de los que, teniendo el don sutil del análisis, ya sean filósofos, músicos o poetas, escriben las relaciones que hay entre su yo y las cosas ambientes.

La contemplación de una magnifica puesta de sol, un hermoso paisaje de montañas o la ondulante perspectiva de un gran río, es un sano gozo para todo hombre, siempre que no tenga adentro un analítico atormentado, cuya hipocondría lo enlobreguezca todo. Este mismo analítico, que es generalmente un productor de ideas, sufrirá dolorosamente con el espectáculo de ese paisaje, si liga sus placeres o pesares pretéritos o presentes con la visión que tiene ante sus ojos, en tanto que otro, que no tenga su misma disposición moral, recoge toda la dulzura que se desprende de la perspectiva, sin que se altere la ecuanimidad de su espíritu.

Todo pensamiento, que es un sordo trabajo íntimo, del que casi no nos damos cuenta, se traduce en un repentino dolor, más o menos intenso, según la mentalidad de cada hombre. Los grandes soñadores que, desde la niñez a la edad provecta, viven entregados a las meditaciones, a la interrogación de las mil esfinges que hay en el camino de la vida, no son más que lamentables Cristos, mártires de la fatalidad de su cerebro, para quienes la enfermedad del ensueño llega a convertirse en una dolencia incurable, que degenera en una profunda diátesis cuando no les impele a una muerte trágica. He aquí el secreto de esas repentinas parálisis, de esas tisis violentas, de esos lúgubres suicidios de que está llena la historia de la literatura. ¿Hay nada más triste que el espectáculo de Enrique Heine, aherrojado en su leche de dolor, convertido de Apolo en Job?

La miserable vida de Leopardi ¿no es para hacer llorar a cualquiera? La muerte de Gerardo de Nerval ¿no obedece tal vez a un lúcido pensamiento de liberación voluntaria, para evitarse el dolor de pensar y de escribir?

El pensamiento llega a veces a fatigar tanto el cerebro, que es muy común —aun en hombres de extraordinario intelecto— que padezcan súbitas esterilidades. Edgar Poe, uno de los genios literarios más grandes que ha habido en el mundo, no podía a veces escribir dos líneas en orden, atacado de un profundo agotamiento cerebral. Lord Byron, después de sus violentas crisis nerviosas, se pasaba semanas enteras como embrutecido, incapaz de hacer un verso. Guy de Maupassant, en sus lúgubres y postrimeros días, se golpeaba la cabeza, preguntando dónde estaban sus ideas.

Como lógica consecuencia, en ciertos espíritus, el dolor del pensamiento trae el odio a la vida mental, la secreta envidia por el bruto, el árbol y la piedra. Mas, como el animal piensa, ¿sufre también, aunque en menor grado? ¿Quién nos dice que al árbol no le sucede lo mismo? ¿Y a la piedra? Lo cierto es que el Cosmos no es más que un vasto y armonioso pensamiento, y que el cerebro humano no es más que un universo minúsculo. ¡Ah! El dolor reina omnipotente desde en las más remotas regiones estelares hasta en las más recónditas circunvoluciones de la masa encefálica.

LA RENUNCIA DEL ESCRIBIENTE

(Capítulo olvidado de una novela perdida.)

Cuando José Ángel entró a la oficina eran las nueve y cuarto de la mañana. Llegaba, como siempre, más tarde de la hora reglamentaria, las nueve. El portero, un vejete seco y patizambo, llena la cara de arrugas desde tiempo inmemorial, le siguió con una larga mirada de reproche, casi rencorosa. ¡Llegar tarde un escribiente que ganaba treinta y cinco pesos al mes, tan mal visto por el secretario! ¿Había mayor crimen? No, no podía haberlo, y no se explicaba por qué no era despedido. Él, muy al contrario, era puntual, puntualísimo. Antes de las nueve se oía su tos asmática en los corredores del edificio municipal; abría poco después, con mucho ruido de cerrojos, las pesadas puertas de la oficina; barría luego la vieja alfombra de cáñamo, gastada por el ir y venir de muchas generaciones de empleados; sacudía, manejando con calma el inútil plumero, el polvo de las sillas; iba a la cercana fuente del patio, un patio estéril como una roca, a llenar de agua fresca el cántaro; regresaba con él trabajosamente, mientras el líquido salía furtivamente por algún agujero invisible, lavaba, metiendo adentro sus dedos huesosos y sucios, el empañado vaso de cristal, en cuyo fondo, durante algunas semanas, se depositaran los sedimentos de las heces; y por fin, como término de sus afanosas y matinales tareas, llegaba a la mesa del señor secretario, como él decía invariablemente y con el mayor respeto, a ponerla en orden.

Los papeles, notas y expedientes, eran arreglados con suma parsimonia; las reglas y los lápices, éstos cuidadosamente tajados, ocupaban su respectivo lugar, al alcance de la mano; y el tintero, lleno de un líquido negruzco y espeso, recibía una prolongada frotación con un pedazo de franela roja.

Él sí trabajaba, él sí merecía su mezquino sueldo mensual, que el gobierno nunca le pagaba con puntualidad, y no aquel muchacho loco, que siempre llegaba tarde, y que se pasaba las horas de oficina rubricando su firma, caricaturando a los demás empleados o fumando cigarrillos. Decididamente, seguía reflexionando el viejo, ya era tiempo de que le quitaran el empleo.

El joven que acababa de entrar, sin fijarse siquiera en él, depositó su sombrero en cualquier parte, sentándose en seguida frente a la mesa que le correspondía. Se puso a hojear negligentemente unos papeles, examinó después su pluma, y luego, extendiendo las piernas y recostándose en el respaldar de la silla, recorrió con la mirada el salón cubierto de un antiguo tapiz con dibujos de flores. Conocíase que le importaba muy poco que el secretario, que en el fondo de la pieza en una especie de entrada, alegaba con unas mujeres y un policía, echara de ver que había llegado otra vez tarde, a pesar de las repetidas advertencias. Escuchaba, eso sí, cuidadosamente, lo que se hablaba lejos de él, y el asunto acabó por absorber su atención.

Oíase la voz chillona de una de ellas, agujereando desapaciblemente el tranquilo ambiente de la oficina. Eran unas pobres mujeres, madre e hija. La madre, vieja y gastada sin duda por el trabajo, hablaba sin cansarse, defendiéndose de los cargos del policía, accionando violentamente con sus flacos brazos amarillentos. La hija no decía nada, permaneciendo inmóvil a la distancia, ocultas las facciones en un descolorido rebozo. El policía, de cuando en cuando, repetía sus acusaciones, dando detalles y pormenores. Las había encontrado en el camino, cerca del castillo, comprándoles a los indios. El cuerpo del delito estaba allí, en el cesto depositado en el suelo; un cesto grande que estallaba de repleto: lechugas, rábanos, zanahorias, nabos, cebollas, todo género de hortaliza; naranjas, huevos, mangos y algunas calabazas tiernas; y dentro de todo aquello, estirando los cuellos hacia la escena, veíanse una gallina negra y dos pollos inquietos.

El secretario, enlazados los dedos de las manos, la cabeza cónica ligeramente inclinada, el semblante ceñudo, oía a las dos partes. Después que concluyó de hablar el policía, siguió la vieja, más agria, con más fuerza todavía:

—El policía no nos ha visto comprar en el camino. Veníamos del pueblo, de la casa de un pariente, adonde fuimos a traer esas verduras, señor. Como somos pobres, tenemos que ir muy lejos a buscar víveres, para venderlos en el mercado, ganando un cuartillo. Es una injusticia la que se quiere hacer con nosotras. Devuélvanos nuestro canasto. ¿De modo que una ya no puede traer nada, porque la capturan y la llevan a donde la autoridad? Si hubiéramos sabido eso no habríamos ido. ¡Ah, con las pobres mujeres hacen todo! Y más cuando una es infeliz y no tiene quién vuelva por una. Devuélvanos nuestro canasto, por Dios, que es todo lo que tenemos,

La hija empezó a llorar silenciosamente; todos los empleados seguían de lejos la escena; el policía, el kepis en una mano y el garrote en la otra, miraba a las mujeres con ojos amenazadores; hasta el viejo portero había dicho entre dientes: son unas pobrecitas. Al fin resolvió el secretario, con voz dura:

—Son unas revendedoras. Está prohibido comprar en los caminos, y sin embargo, por salir ganando infringen la ley. Quedan los víveres decomisados y si no tienen cinco pesos para pagar la multa, irán a la sección de policía. ¿Tienen los cinco pesos, o no?

José Ángel, al oír aquella sentencia, palideció tensamente, se mordió los labios y se le vio un ímpetu de acudir en auxilio de las infelices mujer que rompieron a llorar.

—¿Tienen los cinco pesos, o no? ¿No, verdad?

—¡Qué vamos a tener nosotras! —sollozó la hija enjugándose las lágrimas con su rebozo.

—¿No los tienen? ¡Pues a la sección, a ver si allá los consiguen! —terminó bruscamente el secretario tomando su pluma y poniéndose a escribir rápidamente.

Las mujeres, llorando a lágrima viva, fueron sacadas de la oficina por el policía. El salón, turbado por aquella triste escena, recobró su aspecto de costumbre. Instantes después se oía la tos asmática del portero, percibiéndose claramente el rasguear de las plumas de los escribientes, apresurando cada cual la conclusión de su trabajo.

Solo nuestro joven no escribía, sino que meditaba, arrullado por su pensamiento. Sí, aquello era una injusticia, una brutal injusticia. Quitarles a las infelices su cesto de provisiones, y enviarlas en seguida a la cárcel! ¿Había mayor falta de piedad? ¡Y esto lo hacía el secretario en nombre de la ley, que violaba según su conveniencia! ¡Revendedoras! ¿Y qué tenía eso? ¿No había una porción de tenderos y tenderas al por menor, que hacían lo mismo, que negociaban impunemente en mayor escala? ¿No estaba entonces el agio de moda? ¿No traficaban judíos y comisionistas con el sueldo de los empleados, favorecidos por el gobierno, que de propósito no pagaba puntualmente el presupuesto? Eso era mil veces peor, porque empobrecía la nación, arruinaba a todas las familias, precipitaba en la miseria a muchos Infelices. Ellos, los agiotistas, no iban a la cárcel, no irían nunca. Antes bien se les veía en toda clase de consideraciones, se les rendía pleito homenaje; mezclábanse siempre con provecho, en los asuntos financieros de la nación; explotaban a su gusto el desbarajuste económico; se enriquecían de la noche a la mañana, paseando su soberbia en coches espléndidos, viviendo opulentamente, embargando las fincas rústicas y urbanas, creando un malestar indefinido a las masas sociales, que presentían ya la bancarrota del país. En cambio, los infelices, los desheredados de la fortuna, los que buscaban un miserable lucro en negocios de ínfima cuantía, iban siempre a la cárcel, de donde no salían sin pagar multas exorbitantes para su miserable patrimonio. ¡Cuánta injusticia! ¡Cuánta falta de piedad!

Así, meditando, se acordó de lo que había visto en la oficina desde seis meses, cuando por recomendación de una persona de influjo, había entrado en ella a servir un humilde puesto de amanuense. El jefe era un hombre ignorante, lleno de prosopopeya, que faltaba mucho; el secretario un majadero, que se había eternizado en el puesto y que escribía artículos deplorables para los periódicos; sus compañeros unos pobres diablos, que desde hacía años se habían convertido en ostras de aquella roca oficial; el portero, un viejo inútil, medio asmático y reumático, que se pasaba las horas durmiendo. Y luego las intrigas inevitables, los chismes de unos con otros, aquel trabajo embrutecedor de escribir notas y más notas, miserablemente remunerado; las injusticias, las represiones diarias, las miserias de aquella vida monótona sin horizontes, sin ideales, sin un cambio que le hiciera esperar una existencia más de acuerdo con su carácter.

De pronto se puso a escribir febrilmente, secó lo trazado, y se dirigió a la mesa del secretario, el cual continuaba en su tarea de llenar pliegos y más pliegos. Largo rato se estuvo aguardando con la mano izquierda sepultada en uno de los bolsillos del pantalón y en la derecha una foja de papel de oficio. Al fin el secretario levantó la cabeza, lo miró de arriba abajo con sus oblicuos ojos verdes, y dijo en tono breve:

—¿Qué quería?

—Que me ponga el visto bueno al pie de este recibo. Es de octubre. Como hoy es primero de noviembre y como pienso retirarme de la oficina...

—¡Ah! ¿Se va? —sonrió burlonamente.

—Sí, me voy. No pienso seguir empleado aquí.

—¿Le han nombrado jefe político de algún departamento o le han dado una cartera?

—Tal vez... pudiera suceder... Lo que quiero es que me ponga el visto bueno.

—Está bien. Pero después no venga a pedir otra vez el empleo, porque no se le dará.

—No vendré, esté seguro.

—Así dicen y luego vienen con súplicas y molestias.

—No vendré.

El secretario leyó el recibo, le puso en seguida el visto bueno, y continuó escribiendo sus interminables comunicaciones.

José Ángel tomó enseguida su sombrero, despidiéndose con

brevedad de los demás amanuenses, que no salían del asombro; salió a los corredores de la oficina, seguido por el portero, que al enterarse de su resolución, había movido de un lado a otro la cabeza, tercamente, obstinadamente, como desaprobando aquel paso brusco, a pesar de las ganas que tenía de que se fuera.

Ya en la calle, José Ángel se dirigió a la plaza de armas. Eran las diez de la mañana, una alegre mañana de sol, que reía sobre los seniles y amarillentos edificios coloniales, sobre las carcomidas baldosas, rociando de oro los árboles del parque. Frente al palacio del ayuntamiento, una banda de músicos tocaba un aire militar a la cabeza de un batallón, que pasaba revista a los ojos de una porción de desocupados. Iban y venían los jinetes, caracoleando en sus corceles, excitando la muda admiración de los palurdos, sonando sus espadas en los estribos de metal. Él, arrullado por la fanfarria, acariciado por aquel viento heroico, con las manos en los bolsillos, se detuvo en una de las esquinas a esperar el próximo tranvía, cuyo rumor se iba acercando. Llegó el vehículo tirado por dos mulas héticas, castigadas por el látigo del conductor, azuzadas por una lluvia de ternos y de insultos. Y habiendo subido a la plataforma algunas personas, en cuenta José Ángel, volvió a chasquear el látigo, volvió el conductor a lanzar blasfemias, volvió el carro a deslizarse trabajosamente por los enmohecidos rieles.

EL CHELE

Cuando ella le llevó el almuerzo —un plato de cocido hecho de prisa— aguardaba él a la reja, agarradas las manos a los barrotes. Era un mocetón membrudo, tirando a rojo, de mandíbulas fuertes, velloso como un perro de aguas, de barba viril. Un macho como pocos.

La hembra se acercó, rimando con las caderas, de amplio paréntesis, la estrofa del amor carnal. Era de mediana estatura, trigueña, rica de carnes, fresca como una sandía. Terciado el pañolón café, haciendo chillar los botines, pasó entre los soldados, despidiendo de su enagua una brisa ardiente y perturbadora, impregnada de perfumes baratos.

—Chico –dijo ronroneando la voz como gata–, aquí está el almuerzo.

—¿Por qué has venido tan tarde? –replicó el reo con una voz entre áspera y dulzona.

—No pude estar antes. Tengo mucho que hacer.

—¡Mentiras! Es que vivís entretenida con ese tinterillo. Ya sé que me seguís engañando. Pero ve, por Dios —e hizo una cruz con la diestra y la besó— que te doy una lección cuando salga de este enchute. Y lo que es a él...

Aquí la cara del Chele hizo un gesto feroz, enarcándose las pobladas cejas de sus ojos atigrados.

—A él —siguió iracundo— lo degüello con éste—. Y a hurtadillas de los soldados sacó un cuchillo, no se sabe de dónde, terriblemente afilado—. Lo degüello, ya lo sabés.

En la faz de la mujer se pintó una mezcla de miedo y de odio. Ésta, de repente, tiró al suelo el almuerzo, alejándose de la reja.

—Oíme, Negra —gimió él, arañando los barrotes—; oíme un momento.

Mas ella, caminando precipitadamente, como a pequeños saltos, ganó la entrada de la guardia.

—Oíme, Negra, oíme, te lo suplico. Parate un poco.

Ella iba a desaparecer, zangoloteando la pulpa de las redondas posaderas; mas de pronto se volvió, gritando con voz irritada, escupiendo las palabras.

—¡No, no vuelvo, entendelo! Quedate en la jeruza para siempre. Ya no quiero más guazangas con reos... ¿Lo oís? Con reos, porque tengo hombre que me dé. Y me da aritos: ¡Velos! Y pañolón: ¡Velo! —y descubrió el busto, agitando al aire el trapo, mientras sus ubres, sudorosas por la emoción, temblaban en la camisa como si fuesen de gelatina–. Y botines... ¡Miralos! —y enseñó el calzado amarillo, sobre el que caía la media azul, mostrando al mismo tiempo algo de la carnosa pantorrilla, con una suave vellosidad de durazno. Luego, volviéndose el fuste desdeñosamente, desapareció.

—¡Templada la Negra! —dijo el cabo cuando se fue, entre las carcajadas de los soldados.

—Y qué... –e hizo una seña de masonería indecente, que produjo otra explosión de risas.

Chico Ramírez, alias El Chele, se volvió más taciturno desde entonces. Arregló su manutención con la mujer de otro presidiario, pasándose las horas fumando cigarrillos de tusa, o viendo obstinadamente al suelo. No pensaba más que en Tomasa, en La Negra, acordándose del día en que se la trajo robada, como dicen, de Cedros.

La muchacha, que era más ardiente que una cabra, cedió a sus primeras proposiciones, viniéndose a Tegucigalpa con él, donde sentó plaza de inspector de policía. Luego lo echaron del puesto, porque un día que estaba de malas pulgas, con la clava le abrió la cabeza a un borracho que le echaba mueras al gobierno, sin querer caminar. Así se encontró sin empleo, viviendo con la amasia en un cuartucho de La Plazuela.

Pero la quería, a pesar de las sopapinas que le daba en sus jumas, antes de sumergirse en sus letargos comatosos, y concibió el plan de llevársela a la Costa Norte, a probar fortuna. Ella, al saberlo, dijo que no, que no y que no.

—¡Ah! –exclamó Chico, furioso—; es que estás

emberrinchada con ese maldito estudiante. Pues sabé una cosa: si los hallo juntos, por estas cruces, que los mato a los dos: por éstas. Y me largo en seguida a rodar tierra, mientras te podrís.

Y un día les halló, en el quicio de una puerta, sobiqueándose y besuqueándose. Sacó el cuchillo, echando más jotas que un carretero; pero solo logró darle al mozalbete un rasguño, así de un jeme, porque el tal huyó con piernas de venado. Capturó la policía al Chele, y como el otro sabía de intríngulis de Derecho, dio con él en la penitenciaría, condenado a dos años y meses de cárcel. Más de un año no supo de la Tomasa, de La Negra.

—Ya se endamó con otro —decían los reos, hurgándole, sin que dijese nada, porque sabía que era ciertísimo.

—Las mujeres así, Chele, no pueden vivir sin hombre —le soltaba un veterano del crimen, encanecido en la cárcel, que tenía un rayón desde un ojo hasta el hocico, donde no faltaba la magalla apestosa.

—No pensés en esa gallina —seguía mansamente—; no pensés y consolate. Por cada peso falso, hay cien mujeres que solo falta que les digás: "¡Adiós, cosita!", para llevárselas uno.

Pero el Chele, ni por esas. La amada de un modo animal, a lo bestia en celo, aumentando su pasión la forzosa castidad de la cárcel. La quería siempre, acordándose de todo lo que le había hecho sufrir y gozar. Cuando cumpliese su condena iría a verla, perdonándola. ¿Cómo perder aquel cuerpo que le había hecho vibrar como una guitarra? "Mía o de nadie", pensaba Chico, contando los reales ahorrados.

El día en que cumplió su condena, lloró de gozo. Le dieron la libertad a otros dos reos, y celebraron el acontecimiento en un estanco de La Ronda, bebiéndose la cuarta parte de un garrafón. Iba a salir, dando traspiés, cuando pasó frente a él un joven, en el que reconoció a la luz del farol, a su odiado rival.

¿A dónde iba? A verla, seguramente. Pidió una botella de aguardiente, bebiósela en seis tragos, y, haciendo eses, golpeándose contra las paredes, trató de dar alcance al muchacho. Caminaba frenético, embrutecido. Le alcanzó a los pocos minutos. Sí, era él. ¿Conque la Tomasa —iba pensando, en su cabeza sudorosa, llena de alcohol— prefiere a este tipo amujerado, a este chancletudo sinvergüenza, y desprecia a un hombre como el Chele? Ya vería esta tal; ya vería. Los mato, por Dios que los mato. No lo despacho ya, porque quiero acabar con los dos. Sí, con los dos.

Diluviaba ligeramente. El estudiante, sintiéndose seguido, apresuró el paso; mas El Chele, aunque completamente beodo, le seguía a grandes zancadas. El otro echó a correr, ganando media cuadra, y se metió al cuarto de la Tomasa, de la Negra, que aplanchaba una camisa.

—¿Qué es? —dijo ella con susto.

—Un hombre me viene siguiendo: está bien bolo. Cerrá. (La puerta cerrose violentamente, en los momentos en que llegaba Chico).

—Abran —rugió empujando—. Abrí, maldita, ya te voy a enseñar. Decile a ese maricón que salga, si es hombre. ¡Abrí! ¡Aquí estoy, sinvergüenza! —y vociferaba insultos horribles.

La puerta, débil y carcomida, estaba para ceder a los esfuerzos del borracho, cuando éste, perdiendo la cabeza, rodó pesadamente sobre el empedrado, resbaloso a causa de la lluvia. A la media noche pasó una ronda, y el oficial, viendo aquel hombre tendido, encendió un fósforo. Tenía el rostro horriblemente desencajado, las uñas clavadas en las palmas de las manos, y en la boca medio oculta en la maleza de su barba rojiza, un copo de espuma sanguinolenta. Lo movió enérgicamente. ¡Estaba muerto!

NUESTRA EMANCIPACIÓN

El viejo sol del siglo XVIII, envuelto en nubes de sangre, habíase hundido en el piélago de los tiempos, remontándose en el horizonte de la humanidad el sol del siglo XIX.

Era el año de 1821. En medio de las aguas del turbulento océano Atlántico, bajo el cálido soplo de los vientos marinos, al arrullo de las borrascas y al son de la estupenda música de los truenos, cerca de los soñolientos sauces de las riberas, contemplando el cielo mudo y el mar rugiente a sus pies, midiendo el huracán por la ráfaga que le azotaba los cabellos, el universo por el grano de arena que hollaba su bota, el océano por la gota de agua que resbalaba en el peñasco, el pasado fulgurante por el presente sombrío, siguiendo con la vista el vuelo de las nubes y el remolino de las olas, lejos de los pueblos y cerca de los abismos, lejos de los templos y cerca de Dios, hablando a la espuma, al escollo, a la noche, al horizonte, al infinito, se moría un hombre de pequeña estatura, de faz marmórea y ojo de águila, a quien llamaron sus soldados El Cabito, y el mundo Napoleón I.

Este hombre tenía que purgar un gran crimen: el haber encadenado a Europa, razón por la cual Europa le tenía encadenado a él. Y allí, en el islote de Santa Elena, sobre el árido peñón, lejos del torbellino de los sables y del rugido de los cañones, frente a la coalición europea, agonizaba triste y solo, injuriado por sus carceleros, escupido por las olas y flagelado por los vientos oceánicos.

Al morir Napoleón, Europa reposaba en los enervadores brazos de aquella tenebrosa liga que se llamó la Santa Alianza. Cuando se unen los déspotas, tras las catástrofes sociales, algo inicuo y criminal se pacta entre ellos, contra los indefensos pueblos que gobiernan. Y la Santa Alianza, escondida tras los tronos agujereados por las balas francesas, al amparo de la reacción monárquica y sacerdotal que inundaba otra vez a Europa como una marea de sombras, estaba dispuesta, esgrimiendo el puñal de dos filos, a clavárselo en el corazón a la República, si surgía de nuevo de entre la catástrofe del Imperio, soltado en Waterloo por las águilas napoleónicas, las cuales huyeron a la desbandada a París, envueltas en el humo de la derrota, bajo un cielo en deslumbrador relampagueo y sobre la tierra en convulsión.

Metternich —la Santa Alianza encarnada— funesto como una epidemia y astuto como una zorra, hilvanaba en su cerebro aquella perversa política que reducía a cero la libertad de los pueblos, libertad comprada al pasado, con tres millones de cabezas. El prusiano se engañaba, engañando a los autócratas coaligados. Cuentan de Jerjes que en un momento de vanidad y de cólera estúpidas, mandó a sus soldados que azotaran con cadenas el mar embravecido; el loco del rey persa no se imaginaba tener, a través de los tiempos, un imitador en Metternich, que trataba de azotar con sus oxidadas ideas medioevales, el mar de luz del siglo XIX.

El cansancio que invade a Europa después de 1815, no es más que el momentáneo cansancio de la Revolución Francesa. El 93 no dormía; dormitaba el sable a la derecha. Montado había recorrido toda la Europa. De Bélgica a Italia y de España a Rusia, estaban grabados los cascos de su corcel de batalla, sobre la tierra ensangrentada. El Imperio había sido su apogeo de gloria. Napoleón era la imagen del 93, convertido en soldado conquistador, acuchillando al derecho divino, sentándose en los seculares tronos, humillando a los reyes ineptos y medrosos. Vencido el formidable corso, los déspotas europeos creyeron muerto aquel ideal batallador y batieron palmas frenéticamente. ¡Alegría de los gansos viendo caer a las águilas! El vencedor de Jena no era el 93, sino que lo representaba. Después que se desplomó él, la revolución se trasladó a España y a Italia. Ahogada en Andalucía y en Nápoles, triunfaba en Grecia y en América. La paz de Navarino era la última victoria del 93 sobre la monarquía, encarnada en la Sublime Puerta. Y ¡cosa extraña! la misma monarquía se hacía liberal, al unirse a la revolución helénica y al espíritu europeo, puesto al lado de Grecia contra Turquía.

Un día, mientras un papa cautivo coronaba a un emperador con la fuerte y desmedida alhaja de Carlo Magno, un joven subió al Monte Sacro. Tenía a sus pies la Roma Católica adormecida bajo la luz de la tarde, y sobre su cabeza, como un palio gigantesco, el cielo azul de Italia. Y aquel joven, aquel visionario, aquel soñador, ante aquella ciudad que era como el panteón del paganismo muerto, ante aquel cielo despejado y sereno, bajo el cual habían aleteado las águilas clásicas, ante aquellas colinas de verdor eclógico, donde habían florecido los rojos mirtos y los verdes laureles y había repercutido la voz de la cornamusa de Pan, sintió cómo se llenaba su espíritu de las glorias del mundo griego y del mundo romano, creyó ver un ojo fijo y terrible que lo miraba desde las Termópilas y desde las horcas Caudinas, y juró por el Dios que lo escuchaba y el sol que lo contemplaba desde el ocaso sangriento, no envainar el acero, ni dar reposo al brazo, ni descansar un momento, hasta que diera libertad al Nuevo Mundo. Y aquel juramento resonó en los aires cargados de aromas y de rumores crepusculares, estremeció el ilustre polvo de la antigüedad latina, voló por sobre las cipe las y las torres de la Ciudad Eterna, y fue llevado por las brisas del Mediterráneo más allá de las columnas de Hércules, a los vientos del mar, a las riberas americanas, a los viejos bosques vírgenes, coronados de pájaros multicolores, a volcanes cuyas testas tiemblan en el fondo de los cielos encendidos y a las conciencias de unos pueblos conquistados a sablazos por Cortés, Pizarro, Valdivia, Benalcázar y Jiménez de Quesada, y aletargados por tres siglos de coloniaje.

Y poco después de este juramento, la América del Sur era un fragor de sables, un cuadro de fuego, un huracán de plomo; y luego, como a mágica evocación, salidos de las sierras y de las llanuras, de los bosques y de las ciudades, llenos de entusiasmo y sedientos de gloria, aparecieron unos como resplandecientes arcángeles de Milton, llamados Páez y Sucre, cercados de esos leones generosos y bravíos apellidados Piar, Girardot, Mariño, Rivas, Urdaneta y Valdés y seguidos de una legión de jinetes que, con la espada sanguinolenta despidiendo llamas y la lanza de ocho palmos al ristre, con las pupilas dilatadas y las fauces llenas de espuma, cayeron de súbito al galope, como un ejército de relámpagos, sobre las huestes enemigas, acribillándolas, empujándolas, deshaciéndolas y clavándolas contra la tierra empapada en sangre de Carabobo, San Mateo, Boyacá y Junín.

Después de estas batallas de Centauros y Lapitas, dignas de la estrofa pindárica y de la pluma de Tito Livio, los españoles, que no desmintieron su proverbial valentía, aunque llevaron la peor parte en las refriegas, evacuaron a paso de héroes a Chile, Venezuela, Nueva Granada, el Alto y Bajo Perú. Más tarde, Hidalgo y Morelos iniciaron contra ellos la insurrección de México, e Iturbide y Guerrero, acordaron la emancipación de Nueva España, en el Plan de Iguala, el 24 de febrero de 1821, no sin que antes se libraran terribles combates a punta de lanza y a filo de espada.

Mientras que el resto de los hispanoamericanos conquistaban su emancipación, sacándole al enemigo los bofes y quebrantándole la cabeza, nosotros los centroamericanos veíamos el incendio desde lejos, escuchábamos a la distancia el ruido de los clarines, el relincho de los corceles, y aquel cañoneo prodigioso que llenaba de truenos el horizonte del continente.

La burlona filosofía del siglo XVIII, después de hacer genuflexiones a los pies de Federico y de correr por entre las casacas y las opulentas faldas de la corte de Versalles, había salvado los mares para encarnarse en algunos espíritus delicados y finos de la América Central. Las almas presentían que se cruzaba por una época de evolución social. España estaba desacreditada y Fernando VII inspiraba lástima. Las caducas teorías monárquicas empezaban a vacilar sobre sus cimientos y el edificio colonial se desmoronaba visiblemente.

Un disgusto general agitaba las masas populares y una vaga idea de libertad llenaba los cerebros. Presentíase que había llegado el momento de dar el que grito de emancipación. Celebrábanse juntas secretas y hablábanse las gentes a los oídos. Muchos aparentaban una falsa serenidad y otros un valor fingido. Corrían rumores de fracasos inverosímiles y de desgraciadas tentativas de reconquista en la América del Sur. Respecto a México, se estaba a la expectativa. Temíase dar un paso en falso, y los tímidos y los soñadores veían de continuo flotas imaginarias llegar a nuestros puertos y fantásticos ejércitos desembarcar en nuestras costas. Aquella situación era una pesadilla y aquella pesadilla podía a la larga convertirse en delirio. El pueblo ignorante y embrutecido nada veía, nada pensaba, nada oía. No impunemente se sufren tres siglos de coloniaje, y nuestro pueblo era el peor preparado para redimirse por sí mismo. Los hombres que veían un rayo consolador en aquella lóbrega y pesada noche social, eran Molina, Barrundia y Valle.

Molina era severo, Barrundia impetuoso y Valle reflexivo. El primero meditaba, el segundo fomentaba y el tercero esperaba. Gaínza, el buen Gaínza, estaba indeciso. Presentía los acontecimientos y la tempestad por los sordos rumores que llegaban a sus oídos y por los nubarrones que empezaban a amontonarse sobre su cabeza.

Esta era la situación política de la Capitanía General de Guatemala a principios del mes de septiembre de 1821. Quizás, si dilatamos un momento más nuestra emancipación, hubiéramos tenido que combatir y el suelo de Centroamérica hubiera sido ensangrentado, y este día, en lugar de recordar nuestra gloria pacífica y nuestro fácil triunfo, hiciéramos memoria de las hazañas de nuestros héroes y de las proezas de nuestros libertadores. Pero no sucedió así. Nuestra emancipación de España se llevó a cabo con la calma más perfecta y con el orden más severo. Al abrir las páginas de nuestra historia moderna, de repente nos encontramos con esa sencilla y augusta congregación, reunida en el Palacio del ayuntamiento, con esas frentes de marfil y esas cabezas nevadas, con esas miradas pro- fundas y esas manos temblorosas; y entonces, sentimos que nuestra irreverente juventud se inclina respetuosa ante ese augusto Congreso, donde la honradez tiene asiento y el patriotismo se gallardea holgadamente.

¡Salve, oh buenos ancianos, oh venerables padres de nuestra patria! Salve, porque un día como éste rompisteis los lazos que nos unían a nuestra abuela, la vieja y gloriosa Iberia; porque firmasteis con mano firme nuestra acta de emancipación y nos la dejasteis como un valioso legado, que los hijos de nuestros hijos guardarán bajo siete llaves de hierro en el arca sagrada; porque vuestros nombres, en el pórtico del edificio de nuestra historia, forman un collar de estrellas; porque sois una como columna de fuego que guía a la juventud por el yermo de la política donde se recogen pocas flores y muchas espinas; porque cruzáis libres de todo pecado por entre nuestros odios, cuando muchos de vuestros nietos pasan con el sambenito de los criminales; por- que vuestras miradas, desde el marco de oro que encierra vuestras efigies, son francas y puras, mientras que. las nuestras ya no lo son: porque camináis sobre las olas de un mar de bilis, como el buen Jesús sobre las olas del lago Tiberíades; porque reconfortáis nuestros pechos y nos llenáis el alma de claridad; porque, en fin, cuando nos acordamos de vosotros, en el gran día de la Patria, echamos a los cuatro vientos vuestros nombres, nombres que suenan dulce y armoniosamente sobre la multitud. ¡Salve, mil veces, salve!

¡Rogad a Dios, puesto que debéis estar cerca de él, que en las postrimerías de este siglo y en los comienzos del entrante, se forme una generación briosa y enérgica, una generación altiva y sabia, nacida del himeneo del derecho y de la civilización, que reúna las gotas dispersas de nuestra sangre, y los miembros separados de nuestro cuerpo; una generación que tenga las sienes ceñidas de luz, el himno en los labios y la oliva en las manos; una generación que tenga algo del alma de vosotros; una generación que piense y que sienta, que estudie y que crea, que ahonde en la tierra y en la historia, que tenga Dios y que tenga patria; que ame el arado y la espada, la Constitución y el clarín, para que rompa nuestras fronteras y borre para siempre nuestros odios. ¡Rogad a Dios, que los hijos que palpiten en el vientre de las madres futuras, lleguen a ser también hijos de Centroamérica, dignos nietos vuestros, oh Barrundia, oh Valle, oh Molina, oh Morazán, para que puedan formar un pueblo libre y poderoso del Nuevo Mundo, cuya bandera sea saludada por todos los cañones y agitada por todos los vientos!

DESARROLLO DE LA PRENSA CENTROAMERICANA

Para hacer —aunque sea a grandes rasgos— un estudio del génesis y desarrollo de la prensa centroamericana, hay que remontarse a los tiempos de la emancipación, cuando un reducido cónclave de ilustres patricios sembraba —en el terreno apenas arado por la literatura mística de los frailes gongóricos de la colonia— los gérmenes de las ideas jacobinas y girondinas, que, con burla de la suspicacia de los aduaneros españoles, penetraron en estos países difundiéndose en ellos con notable celeridad, como toda doctrina subversiva contra las ideas ambientes.

Si la religión que predicó el pálido taumaturgo de Galilea no hubiese encubierto, con sus parábolas sedosas y su frase de doble fondo, la sorda y formidable protesta de todos los siervos y esclavos del mundo antiguo, contra el militarismo y la tiranía seculares del dominador romano, admirable de fuerza y de crueldad, la palabra nazarena no hubiese triunfado tan fácil y fatalmente, quedando crucificada en el calvario o perdida entre las chozas de Nazaret y de Betania.

Así también los principios revolucionarios franceses, importados al suelo centroamericano por hombres de espíritu inquieto, tenaz y soñador, traían todos los elementos disolventes que se necesitaban para hacerle comprender al régimen colonial, perezoso y anestesiado, que era llegada la hora de sus funerales. El mismo Valle —hombre de método, docto en humanidades y en ciencias— tenía que ser, por la fuerza misma de su cultura, un revolucionario latente, aunque en público dijese que no era tiempo de un cambio. Barrundia, nutrido con todas las exaltaciones y los terribles discursos del 93, improvisaba sonoros credos patrióticos y vibrantes oraciones, más líricas que políticas, más armoniosas que substanciosas, que eran el eco de la fraseología altisonante y multicolor, de los primeros tiempos de la Convención, donde, junto a los aullidos y gruñidos de hiena de Marat, se oían los gritos de águila de Vergniaud y los rugidos leoninos del teatral Dantón.

Toda la literatura que contiene el periodismo de esa bella época de nuestra historia, está llena de una especie de vértigo patriótico y de borrachera política, que sentaban perfectamente en los días en que la República vino al mundo. De buena fe creían aquellos hombres que eran testigos del nacimiento de un gran pueblo, cuya posición geográfica, ciertamente, era la mejor del mundo; pueblo que era el istmo de unión entre las dos partes mayores del continente americano, bañado por dos soberbios mares, que querían como indicarle que en ellos estaba el secreto de su futura grandeza.

Por todas las publicaciones de esta época corre un potente soplo de entusiasmo y de fe, sin que haya frases de desmayo ni desconfianza por las pocas rentas y elementos de vida con que entonces contaba la América Central, porque nuestros insignes abuelos no podían adivinar los males que le sobrevinieron en seguida a la naciente Patria, ni sospecharon que ya estaba señalado el lote donde sus malos hijos le cavarían la fosa, enterrando en ella el cadáver de la Federación, acribillada por las balas de doce años de guerras civiles, que no pudo contener, con su actividad, valor y talento, todo un Francisco Morazán.

Propiamente la prensa política no nació en la República, porque los que mangoneaban en los asuntos públicos eran más bien tribunos que periodistas de escuela y de partido, más bien apóstoles que ingenios dialécticos. Con su dedo bíblico mostraron al pueblo la tierra de promisión de la paz y de la libertad, tratando en lenguaje sencillo y claro, las cuestiones que más se relacionaban con el comercio y la futura vida industrial de los cinco países federados. El tráfico por el Atlántico y el Pacifico; el canal interoceánico por Nicaragua, que preocupó a los hombres de la colonia; la explotación de las maderas de nuestros bosques y algunas sanas cavilaciones sobre la naturaleza, cuyo amor tomaron de las lecturas de Rousseau, temas eran para las disertaciones de aquellos ilustres patricios, que no se conformaban con haber emancipado la América Central de España, sino que pretendían ponerla a tiempo el hacha en la mano, para que demoliera sus bosques vírgenes, y darle herramientas y conocimientos para la explotación de su rico subsuelo, que apenas había violado la codicia europea.

Mas, toda su admirable labor de convertir a esta región del mundo en un emporio mercantil e industrial, al amparo de la libertad, fracasó lamentablemente en pocos años, cuando las ambiciones desatentadas de algunos encendieron las rojas fogatas de la guerras separatistas, que sepultaron a la República en un pavoroso caos, haciéndola fácil presa de la barbarie que hormigueaba en los montes, y que un día se agrupó alrededor de Rafael Carrera y de otros caudillos aborígenes, salvajes, crueles y supersticiosos, lanzándose sobre los débiles baluartes de nuestra cultura. Aquella regresión de las selvas sobre la ciudad, es una de las más sombrías fechas que hay en la historia de la América Central, porque los blancos y mestizos que formaban el grupo director, estuvieron a punto de perecer bajo el rencor ancestral de las hordas silvestres que vomitaron las sabanas y las serranías.

II

Notará el lector, en estos breves apuntamientos que —*cálamo currente*— hacemos sobre el desarrollo de la prensa centroamericana, que no entramos en detalles, para lo cual necesitaríamos una vasta copia de datos y de citas, que no tenemos al alcance, sino que nos limitamos a seguir las evoluciones del espíritu de determinadas épocas de nuestra historia, cuyos periódicos están relegados en los anaqueles de los archivos y de las bibliotecas o perdidos del todo.

A las pomposas declamaciones de la prensa girondina, donde campeaban una buena fe y un entusiasmo sin límites, sucedió la prensa doctrinaria, cuando roto el pacto federal, cada Estado se declaró autónomo e independiente.

La República Federal, sostenida y alimentada por las victorias morazánicas, vióse siempre envuelta en los nubarrones de la guerra civil, continuamente disipados por la luz que irradiaba la buena estrella del héroe de Gualcho; pero, caído éste y dividida la América Central en cinco pequeñas naciones, el gobernante de cada una de ellas se valió del periódico, semanal o bisemanal, para formarse una atmósfera a propósito con los intereses creados por el ruidoso desastre de la Federación.

De Guatemala venía un gran soplo de paz conventual que oreaba la política centroamericana de entonces. Hábiles retóricos llenaban las columnas de los periódicos de artículos unciosos, en los que, tratando de desfigurar la verdad sobre lo sucedido desde la invasión hondureño—salvadoreña hasta el asesinato de Morazán en San José de Costa Rica, arrojaban, poco a poco, del alma obscura y movediza de la muchedumbre, las ideas liberales que componían el código político de los vencidos. Tal propaganda no era más que una feroz revancha contra la razón, la filosofía y el pensamiento humano.

Toda la prensa *postgirondina* está inspirada en un criterio convencional y estrecho, donde no se pretende más que anestesiar, con un lenguaje circunspecto y una habilidad sofística, la mente de las masas populares. Un como soplo enervante pasa sobre el periodismo de esa época, que no era más que el reflejo del soporoso estacionarismo que reinaba en las esferas oficiales, donde un grupo de ergotistas, faltos de acción y de volición, rodeaban al jefe supremo de cada república, derramando de su altura, con una tranquilidad de faquires, el tóxico lento de sus ideas enervadoras, propias del período lacustre del pensamiento.

Es claro que la prensa de oposición y de combate no existía, ni podía existir entonces, emparedada entre el cuartel y la iglesia. Sólo el doctor Lorenzo Montúfar, que había tomado ya el camino de su largo destierro, lanzaba sus vibrantes anatemas al grupo clerical de Guatemala, que le respondía con sátiras, insultos y excomuniones. En cambio el periodismo áulico se desarrolló en todas partes como una calabacera, produciendo los más extraños frutos, venenosos casi todos, porque la planta madre enraizaba en la más feroz iracundia y en el sectarismo más intransigente.

Nótase que son pocos los folletinistas, y sobre todo que no hay un panfletista de cuerpo entero, que hiciera vibrar su látigo de escorpiones sobre las conciencias de su tiempo. Una gracia cursi y una sátira indocta predominan en las producciones políticas. No hay un solo estilista de veras o un libelista de gran talla, uno de esos tempestuosos escritores cuyo paso se marca indeleblemente en la literatura de su tiempo y de su patria.

Apenas, en las tradiciones de José Batres Montúfar, se ve la faz burlona de la sátira, hábilmente disimulada en los escondrijos de sus soberbias octavas reales. Pero el poeta de El Reloj, en nuestro sentir, jamás se propuso en serio criticar las costumbres de la época en que vivió, ni menos corregirlas. Sus abejas y avispas, si bien hacen oír zumbidos, rara vez hacen uso de sus aguijones. Batres, aun en sus más acerbas censuras, nunca llegó a aquel odio implacable, a derramar el ácido corrosivo que quema aquellos cantos de Byron, donde vibra una rabiosa contumelia contra muchos escritores y políticos ingleses. La ciega ferocidad normanda aparece en muchas páginas del gran poeta británico, cuyo negro humorismo enlobreguece su luminoso cielo espiritual.

Con la inmigración del romanticismo, empezaron a aparecer los periódicos y las revistas literarias, casi siempre de escasa vida, pero que eran señal de una nueva orientación del pensamiento centroamericano. Una pléyade de poetas contaminados del ruidoso numen de Fernando Velarde, apareció con la lira al hombro, en el campo mental. El periodismo doctrinario, adusto y envejecido, tuvo esa nota alegre, que le hizo perder la rigidez académica que le había dado su dogmática actitud.

III

El ensanche comercial que de cuarenta años a esta parte se viene notando en los países centroamericanos, como consecuencia del acrecimiento de las industrias agrícolas, ha impulsado enérgicamente el desarrollo de la prensa.

Fué un ilustre hondureño, un hombre de luminosa mente y de magnífica palabra, quien fundó en esta capital, el primer periódico diario. Me refiero a aquel singular talento que se llamó Álvaro Contreras, que arrastró por las cinco repúblicas su bullicioso y generoso lirismo, dejando en todas ellas el brillante rastro de su verbo y de su pluma.

Luego, en la vecina República de Guatemala, apareció el Diario de Centroamérica, donde han colaborado los mejores ingenios de aquel país. Un vigoroso movimiento periodístico se inició en seguida en Nicaragua, fecunda en excelentes diaristas y hábiles dialécticos, muchos de los cuales han logrado una sólida reputación, ora por la fuerza de su estilo, ora por lo cáustico de su lenguaje. Durante mucho tiempo el periodismo nicaragüense se tuvo como el primero de la América Central.

En todas las publicaciones de ese nuevo período de la prensa centroamericana, predominó el editorial doctrinario, generalmente de política local. El articulista, en las primeras columnas del periódico, juzgaba a su modo los actos del gobierno, convirtiéndose, por lo común, en opositor o ciego enemigo. De ahí el tono colérico o dogmático que predomina en todos los artículos de fondo, donde el autor, convertido en dómine, reparte, de acuerdo con su idiosincrasia, bombos y palos a destajo. Así la polémica se convertía en un verdadero campo de Agramante, donde, sin piedad, se ofendía cruelmente a políticos y a escritores. La intransigencia de los partidos y las rivalidades de los publicistas eran llevadas a la prensa, que, en vez de unificar el sentimiento y pensamiento públicos, ahondaba más los odios existentes, dividiendo en bandos a la sociedad.

Grandes beneficios, sin embargo, se deben al penúltimo período de la prensa centroamericana. Los gobernantes, en fuerza de soportar sus violentos ataques, acabaron por tratarla con toda clase de miramientos, prestando muchas veces atención a sus consejos, hasta el extremo de que el periódico pudo considerarse, de vez en cuando, como un eco de la sor da y profunda voz popular. Como siempre sucede, la tolerancia abrió campo a la diatriba y a la calumnia, que se cebaron inconsideradamente en muchos hombres probos y de patriotismo sin mácula.

Mas una nueva evolución, por varios motivos, tenía que operarse en la prensa centroamericana. La labor oficial extraordinariamente sencilla en una democracia naciente, acabó por complicarse con el nacimiento de muchas necesidades económicas e industriales, engendradas por un rápido progreso material y el aumento visible de la riqueza pública; se amplió el interés puramente local, confundiéndose con los intereses internacionales, y el público empezó a preocuparse de lo que sucedía más allá de los límites de su tierra; y la sed de abundantes noticias sucedió a la plácida digestión de los largos editoriales, dogmáticos y campanudos, que repetían invariablemente, en el tono acostumbrado, los más vulgares comentarios de los textos de Derecho público.

Fue entonces cuando apareció un poderoso innovador, de psiquis compleja, de actividad casi hiperestésica y de imaginación viva y ardiente, que, resumiendo las buenas cualidades de los mejores periodistas antiguos, poseía al propio tiempo, todos los secretos y resortes de la prensa moderna, estudiados minuciosamente por él durante su larga permanencia en Estados Unidos, donde el diarismo se ha desarrollado con la exuberancia de una selva tropical. El lector, desde luego, comprenderá que aludo a don Román Mayorga Rivas, el más alto, el más completo y el más original de los diaristas centroamericanos.

Fundado por él en esta capital, el Diario del Salvador, se

notó inmediatamente el extraordinario interés de la nueva publicación. El editorial dejó de ser una luenga y soporosa homilía, para convertirse en una clara exposición de ideas, que dejaba en toda libertad el criterio del lector; la información local, numerosa y concisa, adquirió una importancia que no tenía antes; el hecho, convenientemente comentariado, despertó la dormida curiosidad del público; el servicio cablegráfico tomó el carácter de una novedad permanente; el eco te- legráfico, que no se tomaba en cuenta en el periódico antiguo, ocupó un puesto preferente entre todas las noticias; y, desde la simple gacetilla hasta la correspondencia departamental o extranjera, todo contribuyó a darle un interés palpitante al nuevo diario, que era una admirable sinopsis de la vida comercial, agrícola, social, científica y literaria del país.

La fundación del Diario del Salvador marca, pues, la fecha histórica de una orientación en el periodismo centroamericano. Tal reforma se ha hecho sentir más hondamente en este país, hasta el extremo de que su prensa actual pueda considerarse, sin exageración, como una de las primeras de la América Latina.

MORAZÁN Y BARRIOS

Don Ricardo Contreras, escritor de buen sentido moral y de juicio sereno, ha publicado en El Avisador, de Quezaltenango, una serie de artículos encomiando al general don Justo Rufino Barrios.

No queremos decir si son justos o no los grandes elogios que hace del dictador guatemalteco, y si éste merece de sobra el concepto favorable que tienen de él sus ardientes partidarios; únicamente observaremos al señor Contreras, que no puede haber paralelo entre Barrios y Francisco Morazán, y menos puede aquél ser superior a éste, como pretende demostrar en su quinto artículo.

Morazán es una figura centroamericana muy más alta que Rufino Barrios. La escena en que le tocó figurar fue más amplia; sus victorias fueron más brillantes y trascendentales; su influencia moral perdura después de sesenta años; el ideal por que combatió era más generoso y grande que el ideal de Barrios, porque la tentativa de éste para unir a Centroamérica, apenas si se puede disculpar a la larga, examinándose con atención los propósitos casi personales que lo lanzaron a una muerte si se quiere gloriosa, pero menos grande que la del héroe de Gualcho, sufrida con un valor a toda prueba sobre las gradas de un patíbulo.

Cuando Morazán hizo el empuje de reconstruir el edificio de la nacionalidad, que habían echado a tierra los clericales, tuvo un pretexto legal, existía un motivo justificable. La federación había sido disuelta por la fuerza; era del caso reunirla por el mismo procedimiento. Su actitud en Costa Rica no puede reprobarse de ningún modo; era, no sólo patriota, sino altamente constitucional.

En cambio, sin menoscabar el mérito de la tentativa de Barrios, no puede decirse lo mismo de él. Cuando se dio el decreto del 22 de febrero, los Estados eran independientes, la federación hacía muchos años que no existía. El decreto, pues, era atentatorio contra la integridad de las otras repúblicas, y por eso éstas se pusieron sobre las armas para oponerse al invasor, que fue a morir valientemente en Chalchuapa.

Morazán no fue solamente un guerrero afortunado, un hombre de batalla, como dice el señor Contreras, sino que tuvo eminentes cualidades de hombre de Estado, que él le niega del todo, cegado momentáneamente por una pasión que no disculpamos, para adjudicárselas sin límites a Barrios, a quien estamos por asegurar que le faltaban.

Las reformas políticas llevadas a cabo en Guatemala después del 71, Morazán las había puesto en práctica, con magníficos resultados, después del triunfo del año 29. Vamos a enumerarlas a la ligera, no sin advertir que tiene más méritos el que se lanzó por esa escabrosa vía, a raíz de la emancipación política de España, que el que, desde su solio de dictador, las volvió a imponer a Guatemala hace veinticinco años, cuando era una vieja conquista en el resto de las repúblicas hispanoamericanas:

*Creación de la instrucción pública por el método de Lancaster.

*Supresión de congregaciones religiosas.

*Nacionalización de los bienes del clero.

*Establecimiento de la independencia entre la Iglesia y el Estado.

*Fundación de la igualdad civil y política.

*Libertad de cultos.

*Adopción del jurado.

*Libertad de imprenta.

*Establecimiento de la Academia de ciencias.

*El Habeas corpus.

*Introducción de los códigos de Pruebas, de Procedimientos y de Juicios.

Etcétera, etcétera.

Todas estas reformas, que los clericales suprimieron al hundirse la Federación, fueron puestas en vigor mientras Morazán rigió los destinos de la América Central. Combatió por ellas, las llevaba en su cabeza; eran la consecuencia lógica de aquel gran movimiento redentor, que venciendo a Domínguez en los campos de La Trinidad, acabó por ahogar en luz a los conservadores guatemaltecos, en el mismo recinto donde Arce tramaba la ruina de los otros Estados.

¿No es un hombre de Estado el que hizo todo esto? ¿No tiene más méritos el militar audaz que llevó a buen término obra de tal magnitud, en aquellos tiempos de obscurantismo y de terribles pruebas, sin vejaciones de ninguna especie, que el que las volvió a implantar treinta y cinco años después, en medio del terror y del más oprobioso despotismo?

Si la Federación no se hunde, socavada por las traiciones y las felonías, ¿qué le quedaba que hacer a Rufino Barrios en Guatemala? Nada. Su mérito, pues, no es tan grande como el señor Contreras cree, ni tanto que lo coloque sobre la gallarda figura de Morazán, la más alta, la más pura, la más hermosa del istmo centroamericano.

Ni como político, ni como hombre de Estado, ni como guerrero, ni como persona particular, Barrios le lleva ventaja al caudillo hondureño.

La política de Morazán se desarrolló en un proscenio más

amplio, cuando Centroamérica formaba una sola entidad; la de Barrios, apenas si influyó sordamente en dos de las repúblicas vecinas.

Morazán no sólo era un hombre de Estado, como lo hemos probado ya, sino un correcto escritor como lo atestiguan sus proclamas y sus Memorias. Barrios no ha dejado nada escrito que revele mundo interior, y es dudoso que haya tenido variados conocimientos en los diversos ramos del saber humano.

Morazán ganó batallas, verdaderas batallas, llevó sus banderas en triunfo por todas partes, era un militar genial, a pesar de que nunca tuvo escuela y de que ignoraba las más insignificantes maniobras, como dicen algunos de sus biógrafos.

Barrios no figuró ni como primer caudillo de la revolución del 71, y ninguno de los combates en que tomó parte se puede comparar, por lo trascendental del triunfo, con la batalla de Gualcho o del Espíritu Santo. No era, ni con mucho, un militar de genio como lo fue Morazán.

Como caballeros, no cabe una remota comparación entre uno y otro. Morazán era un cumplido caballero, correctísimo en la calle y en el salón, de figura apuesta, incapaz de un desliz con una dama. Era modesto, educado, fino y atento; sus biógrafos todos le atribuyen las mejores cualidades privadas. Barrios... ¿A qué referir lo que todos saben, la larga lista de sus aventuras más o menos feas?

¿Cabe un paralelo entre estos dos hombres, de vidas tan opuestas, de fondo tan diverso, de temperamento tan contrario, de conducta tan diferente? No, no puede caber.

Mas si el paralelo se hace, si se quiere pesarlos en la balanza, si se quiere saber quién es el que vale más ante la historia, reúnanse documentos, léanse las anécdotas, compárense los hechos, examínese la vida pública y privada del uno y del otro, y se verá que Morazán es muy superior a Barrios en todo; tan superior, que para ver más chico al segundo, no hay más que compararlo con el primero.

La vida de Barrios todavía está por depurarse, y es casi seguro que no se purificará del todo, aunque se funda y se refunda en el crisol del más ardiente partidarismo.

Muchos de sus amigos, de los que tomaron parte en su gobierno, viven todavía, y son los que lo exaltan sobre todas las figuras de la historia, olvidándose de sus grandes culpas. A Barrios no se le ha hecho justicia aún, no se le hará todavía, porque su vida está ligada fuertemente a una generación que disculpa en él algunos de sus propios pecados.

Morazán está ya juzgado, y nadie le apeará de su pedestal de gloria, elevado por la gratitud y la admiración de dos generaciones que ni lo conocieron. Apenas de cuando en cuando, para que lo echen de ver en su rincón, algún dómine escuálido y majadero escribe algún folleto infame contra él, y consigue el sordo aplauso de cuatro personajes rancios, en cambio de la enérgica protesta que alza la juventud; pero esto no tiene otro resultado que encumbrarlo más y más a los ojos de los que han leído la historia de su vida asombrosa.

El señor Contreras no ha difamado a Morazán; pero, tal vez sin mala intención, y creyendo que su juicio era justo y sereno, lo ha rebajado en el paralelo que ha hecho entre él y Justo Rufino Barrios.

Deseáramos que, empapándose hondamente en la leyenda del héroe de La Trinidad, llegara al fin a medir la enorme distancia, la gran diferencia que hay entre el terrible dictador guatemalteco, que siempre se vengó cruelmente de sus enemigos, y el prohombre hondureño, alto entre los grandes de la América Latina, casi igual a Santander, que repitió en la plaza de San Salvador, en épocas en que las guerras eran crímenes atroces y salvajes venganzas, la sublime hazaña de Guzmán el Bueno en la plaza de Tarifa.

LOS HISPANOAMERICANOS

Un congreso, un parlamento, o una asamblea, son en todos los países que no sean los hispanoamericanos, agrupaciones de hombres notables por sus luces y por su patriotismo. A ellos afluye lo más selecto, lo más ilustrado, lo más digno de la nación. Allí están los hombres de la espada que conocen las necesidades del ejército, salvaguardia contra los enemigos de la patria; los abogados eminentes que sabrán hacer las leyes y reformar los códigos; los estadistas distinguidos, que tienen en la memoria los ingresos y egresos del tesoro público; los fogosos oradores y los escritores brillantes: los hombres, en fin, que por una u otra cualidad sobresaliente, han llegado a merecer un puesto en el salón de los cuerpos legislativos.

Pero en los países hispanoamericanos, en nuestras infelices repúblicas, donde apenas se distingue ya la libertad de la anarquía, no sucede así. Algunos congresos, en lugar de ser centros de luces y santuarios de virtudes cívicas, son centros de barbarie, de ignorancia y de servilismo. ¿Qué militares dignos, qué juristas sabios, qué hacendistas notables, qué escritores eminentes, qué tribunos inspirados, van a salir de esas agrupaciones de empleados sin inteligencia y de favoritos sin pudor, que el Poder ejecutivo manda elegir por la razón o la fuerza, para que sirvan sus intereses, para que le den facultades extraordinarias, para que voten gastos imposibles, para que hagan todo lo que les manda hacer, cubriéndose así de ignominia y cubriendo de ignominia al pueblo que representan sin su voluntad?

Infinitos casos se dan en Hispanoamérica de Solones de hacienda y Licurgos de cantina que no saben tomar una pluma ni dar una opinión sobre un libro. Tales hombres, sin las nociones más rudimentarias de las ciencias y las letras, sin conocimientos de política y legislación, sin inteligencia y sin patriotismo, ignoran- tes, tontos y serviles ¿qué leyes sabias, qué decretos sensatos, qué reformas buenas van a votar? Lo que hacen es inclinar la cabeza ante las mociones que presenta la minoría oficial, cobrar sus honorarios puntual mente, y acabado el término de ir a sentarse a sus curules de diputados, marcharse a provincias y ciudades "las alforjas al anca y el empleo en la faltriquera".

Tales asambleas, tales congresos, tales cuerpos legislativos, en vez de ser un amparo y un recurso para los pueblos, llegan a convertirse en una verdadera calamidad, porque abdican, con su indiferencia y con su falta de carácter todas las facultades en el Poder Ejecutivo, que poco a poco va absorbiendo los demás Poderes, hasta convertirse en una dictadura perpetua, como en el Ecuador con García Moreno, como en el Paraguay con el doctor Francia, como en la Argentina con Rosas, disponiendo a su antojo de vidas y haciendas, sembrando el pánico en los hogares, erigiendo cadalsos en las plazas públicas, y llenando de pánico, de sangre y de lágrimas, el pueblo donde sucede tal cosa.

Ya es tiempo de que los congresos nacionales de las viciadas y ociosas repúblicas indohispanas, tomen en consideración el papel que representan por algunos días y los intereses de los pueblos para los cuales dictan leyes. Después de las grandes asambleas que se reunieron a raíz de la emancipación política de España, compuestas en su mayor parte de ancianos ilustres y dignos, las asambleas legislativas cayeron en el más lamentable desprestigio y en la más absoluta decadencia. A los valientes tribunos civiles que firmaron las actas de Independencia, que pusieron las bases sólidas de las Constituciones que hoy rigen desde Chile hasta México, sucedieron las mayorías disciplinadas, es decir, las mayorías abyectas y corrompidas, que, desde el seno de las Representaciones nacionales, han dado y continúan dando, por cualquier motivo y por el menor pretexto, facultades extraordinarias a los presidentes, formando así una verdadera dinastía de dictadores y de tiranos, que han dejado asombrada la historia con sus crímenes y su audacia.

EL NUEVO MUNDO

Parece que la civilización, en su incansable marcha a través de los siglos, ha ido circunvalando a nuestro planeta, y que de la península brahamánica pasó a la península helénica, y que de la península helénica, pasó a la península itálica, y que de la península itálica pasó a la península ibérica, y que de la península ibérica, llevada en tres carabelas sobre las encrespadas ondas salobres, por la fuerza de los vientos marinos y la fuerza de los sueños de un loco, pasó a descansar a la fresca sombra de las exuberantes selvas americanas, en tanto que se fortalecían los sajones y los eslavos surgidos del caos de las razas, como para heredar la gloriosísima bandera de la civilización, que ondeó en la pirámide egipcia, en la pagoda indostánica, en el templo griego, en el capitolio romano y en la catedral gótica.

En el estado actual en que se encuentra el humano progreso, hubiera sido imposible a Europa contenerlo en sus estrechos límites, y así, fue preciso que surgiera de entre sábanas de espuma un mundo niño, una tierra virgen y joven, buena para madre fecunda, una América con sus islas que parecen jardines flotantes sobre las hervorosas aguas del Atlántico y las potentes aguas inmensas del Pacífico; con sus temibles volcanes, coronados de sempiternas nieves y de sempiternas nubes; con sus magníficos bosques, por donde salta el tigre, ruge la pantera y vuelan pájaros de cien colores, como si fueran fragmentos de un iris despedazado; con sus llanuras de dilatados horizontes, propias para las grandes vacadas y las partidas de caballos indómitos; con sus ríos anchurosos, que van mugiendo entre rocas plutonianas y ribazos enormes, donde beben el sol del mediodía los cocodrilos hambrientos; con sus azules lagos, donde rebullen peces de oro y de plata, y por sobre los cuales vuelan las níveas garzas y los patos salvajes; con sus montañas, en cuyos riñones cuájanse los metales preciosos; con su suelo, en fin que produce desde la ortiga hasta el cactus, desde las gramas hasta los helechos, desde las yerbas medicina les hasta los cedros corpulentos y olorosos, desde el penacho de esmeralda de la dulce caña de azúcar hasta el abanico de esmeralda de la airosa palmera del trópico, que suspira bajo la luz de la aurora y suspira bajo la luz de la tarde.

Si fuera dable lanzar profecías en este siglo de la dinamita y del vapor, yo diría que los hombres y las tribus, y los pueblos, y las razas, y las naciones, y el dios de Confucio y el dios de Abraham, y el dios de Sócrates y el dios de Jesucristo, y el hombre de piel amarilla como el hombre de piel negra, y el hombre de piel cobriza como el hombre de piel blanca, y los que habitan en las islas del océano y en là tierra firme, y todos cuantos alientan alma sobre la faz del planeta, llegarán en misteriosa corriente al Nuevo Mundo, y aquí se reunirán para fundar las grandes ciudades de una colosal república, y el bueno y omnipotente Dios de todos los dioses, estará complacido, y mirará con generosos ojos el consorcio de los hombres, que puestos de rodillas, elevarán al Ser Supremo el himno más glorioso que hayan creado las religiones muertas y las religiones vivas, el himno de la libertad, del trabajo y de la civilización, que ya balbucea la humanidad en la grandiosa agonía del siglo décimonono, y que en lo futuro darán a los cuatro vientos los hijos de los hijos de nuestros hijos, hasta la consumación de los tiempos.

EL PROGRESO DE LA CIENCIA

Queríamos, desde hace algún tiempo, ocuparnos de un interesantísimo librito que llegó a nuestras manos, y que se intitula *Progreso de la ciencia en los últimos cincuenta años.* Su autor es el famoso propagandista inglés T. H. Huxley, y lo vertió al castellano un conocido compatriota nuestro, que se dedica con provecho a las lecturas y estudios científicos: el señor don J. Antonio López. Que nosotros sepamos, nadie ha dicho una palabra del trabajo en cuestión, ni en Guatemala, donde se imprimió esmeradamente, ni en el resto de la América Central, sin duda por la indiferencia con que se ve generalmente una labor de esa naturaleza, que, en nuestro sentir, es más provechosa, de más positivo resultado, que la de los literatos de pacotilla y la de los eruditos a la violeta, que dijo Cadalso.

Propiamente no es un libro el de Huxley, ni por el tamaño del volumen ni por la extensión que da a la materia de que trata, sino, en justicia, un folleto; pero sí es una hermosa y admirable síntesis, una clara y concisa exposición, no sólo del adelanto conseguido por la ciencia desde 1837 hasta 1887, sino desde los tiempos antiguos hasta nuestros días. Hay en él mucha lógica, mucha claridad y, sobre todo, gran conocimiento del asunto, lo que no podía suceder de otro modo, si se toma en cuenta que Huxley, como expositor didáctico y como propagandista científico ha sido ya colocado en un puesto eminentísimo, a la altura de Aragon, Whewell y Tyndall, que son los que vienen después de los creadores de la talla de Newton, Faraday. Darwin y Pasteur.

El profesor Huxley comienza su estudio manifestando que, en la historia de la civilización, resalta a la vista el incremento constante de la producción industrial, lo cual se debe grandemente al perfeccionamiento de los antiguos sistemas técnicos, a la introducción de otros nuevos, y principalmente, al empleo de la maquinaria. A todo esto se debe agregar el creciente y rápido desarrollo de los sistemas de locomoción y comunicación y se tendrán las principales causas que han contribuido al crecimiento vertiginoso, y casi fenomenal, de las industrias modernas.

Pero, para conseguir tan magno triunfo sobre la naturaleza, valiéndose de tantos descubrimientos e inventos; para lograr hacer al hombre más agradable y más llevadera la existencia, disminuyendo los estragos del hambre y de las pestes, fue necesario el desenvolvimiento de las ciencias físicas, el empleo de los métodos científicos.

La demostración de cómo se ha verificado ese desarrollo de los conocimientos naturales, a través de muchos siglos, es la tarea que se impuso el sabio autor del Progreso de la ciencia en los últimos cincuenta años.

Huxley empieza por estudiar el estado de los conocimientos científicos en tiempo de los griegos, la obra de sus sabios durante ochocientos años, desde Thales hasta Galeno, que trabajaron muy lenta, pero muy firmemente, en echar los cimientos de las ciencias físicas. Es indiscutible que, entre los antiguos, son ellos los que tienen más aptitudes para investigar las leyes de la naturaleza y para saber distinguir, con gran claridad, los hechos y las cosas reales de los imaginarios.

Mas llegó la Edad Media, y las ciencias físicas y los conocimientos naturales, habiendo perdido la ruta señalada por el frío razonamiento de Aristóteles, que es tal vez el sabio que ha ejercido más influencia sobre la humanidad, acabaron por perderse en aquel mundo de barbarie y de ignorancia, que hizo todavía más terrible la disciplina feudal y el ascetismo religioso.

II

Para que nos ocupemos de los grandes adelantos conseguidos por la Ciencia, del Renacimiento para acá, bueno es que hagamos mención de dos grandes inventos, de trascendentales resultados para la humanidad: de la brújula, que fue descubierta a principios del siglo XIV, y que facilitó la navegación de los océanos, contribuyendo a hacer más fáciles las expediciones marítimas; y de la imprenta, que es el legado más valioso que nos dejara el siglo XV.

Durante dos siglos después, estos dos inventos no pueden entrar en parangón más que con uno, que le pertenece al siglo XVII: con el telescopio, que al decir de un escritor, es un "instrumento que en sus resultados inmediatos de extender nuestros conocimientos del universo, y del ilimitado horizonte que ha abierto a la Ciencia, pudiera merecidamente compararse con el análisis espectroscópico de nuestro siglo (el XIX). El barómetro y el termómetro son invenciones de menor importancia, correspondientes también al siglo XVII".

Con la entrada del Renacimiento cobró un vigor inusitado la ciencia, que tomó para seguir su avance, el punto de partida aquel en que la dejaran los griegos. Ya en las primeras décadas del siglo XVII había caminado muchísimo, si se toma en cuenta su larga postración, con la ayuda de astrónomos como Copérnico y Galileo, de mecánicos como Stevinius; de fisiólogos como Harvey: y de muchos anatómicos de la francesa.

En Italia se fundaron por este tiempo muchas sociedades científicas, que han servido de norma y de modelo a todas las demás; y el talento literario y el ingenio caustico de Galileo, según observa Huxley, ayudaron poderosamente al estudio de los grandes problemas y a divulgar los conocimientos adquiridos hasta entonces.

Antes de seguir adelante, y ajustándonos al método empleado por el autor del Progreso de la ciencia en los últimos cincuenta años, nos ocuparemos de los filósofos modernos que han contribuido a empujarla por la vía de la experiencia y de la inducción, desde a fines del siglo XVI.

Huxley consagra en su librito muy breves estudios a Bacon, a Hobbes y a Descartes, olvidándose por completo de los filósofos italianos, que fueron los primeros fundadores de la primera escuela de filosofía de carácter moderno, comenzando por Telesio.

¿Qué adelantos —se pregunta en la *Encyclopedie Nouvelle*— se habían hecho en Francia y en Inglaterra cuando apareció este último? Todo lo que pudiera citarse en este punto es la tentativa contemporánea de Ramus; pero éste no trataba más que del arte de disertar, en tanto que Telesio, en su tratado de *Rerum natura juxta propria principia*, indicaba ya que todas las ciencias naturales debían estudiarse según sus principios propios y hollando las preocupaciones antiguas.

Primero que examinar la obra de Bacon, de Hobbes y de Descartes, que son los únicos que menciona Huxley, y eso muy de paso, haremos un ligero estudio sobre Tomás Campanella, tenido como uno de los filósofos modernos de Italia más eminentes, y a quien Tennemann y otros historiadores de filosofía comparan con Francisco Bacon.

Desde luego manifestamos francamente, para que no se nos tenga por pedantes ni eruditos a la fuerza como hay muchos, que lo que digamos sobre Campanella y sobre sus ideas, no nos pertenece, y que todo lo hemos aprendido estudiando el desenvolvimiento de la filosofía moderna.

III

TOMÁS CAMPANELLA

Como su maestro Telesio, como el iluminado y agitador Jordano Bruno, que murió en el horrible suplicio de la hoguera, y como algunos otros filósofos modernos, que se rebelaron valiente y osadamente contra las tradiciones aristotélicas, muy en boga entre los frailes de entonces, o contra las doctrinas del escolasticismo, Campanella fue perseguido ferozmente por la Inquisición, que le tuvo encerrado veintisiete años en un lúgubre calabozo. Allí, recogida su conciencia, se fortaleció más su espíritu y maduró sus amplios planes filosóficos.

Puesto en libertad por Urbano VIII, Campanella pudo refugiarse en París, donde lo escudó de sus enemigos el cardenal Richelieu, muriendo en dicha ciudad en 1639, a la edad de sesenta y un años.

Muchos historiadores de filosofía ponen en paralelo la obra de este insigne italiano con la del famoso canciller inglés Francisco Bacon; la obra filosófica, pero no la vida, porque la del primero fue de virtudes casi heroicas y de tremendas persecuciones, mientras que la del segundo fue de honores, de bajezas de cortesano y de soberbia sin límites.

Mas aquí se trata de su influencia en el desenvolvimiento científico de la edad moderna, y no de sus defectos o cualidades de hombres, en lo que no tienen punto de comparación.

Ambos se inspiraron indudablemente en las doctrinas de Telesio, a quien mencionamos en nuestro artículo anterior; quisieron darle un rumbo más positivo, más práctico y más metódico a la ciencia, y libraron combate por la libertad de los conocimientos humanos; pero el segundo, más feliz que el otro, supo dirigir su talento hacia un solo fin, en tanto que el primero lo dispersó en varios sentidos. De ahí la supremacía y la celebridad que en los tiempos posteriores, adquiriera el autor del *Novum Organum*.

Campanella trató de dirigir la investigación de los secretos de la naturaleza por medio de la inducción y de la experiencia combinadas; predicó el abandono de todas las preocupaciones fundadas a priori; hizo, como su rival, la audaz tentativa de reunir en un vasto plan todos los conocimientos antiguos; pretendía que se estudiase la naturaleza según principios propios, y no en virtud de las deducciones de la lógica y metafísica antiguas; adivinó que era llegada la época de efectuar una renovación total del saber humano; y pudo comprender, con admirable clarividencia, la filosofía de la realidad.

Dos cosas se le motejan principalmente: el no haber sabido dirigir su método filosófico, como antes se dijo, hacia una conclusión segura, que le diera un triunfo permanente; y el no haber penetrado bastante en el espíritu de los tiempos que estaban por venir, enredándose con frecuencia en las doctrinas de la antigüedad y en las que en su tiempo corrían.

A pesar de todo, "sus libros pueden arrojar vivos destellos de genio y ciencia, y pueden despertar el mayor interés, principalmente hoy que se siente la necesidad de una restauración total".

EL SULTÁN ROJO

Leyendo en un periódico extranjero los actos de locura que comete a diario Abdul-Hamid, sultán-califa de Turquía, no se puede menos de sondear, recordando la historia otomana, el abismo de degeneración de los descendientes de Mahomed II, el Conquistador, que echó por tierra a cañonazos el Bajo Imperio, e hizo saltar la corona de las sienes del último de los Constantinos, con la punta de su vencedora cimitarra.

Es el célebre general turco Osmán Pachá, hoy emigrado en Londres, quien cuenta los hechos de que ha sido testigo.

—El miedo —le dice a un repórter parisiense— le tiene sumido en la demencia. Yo le he visto un día postrado en un diván, pálido como un difunto, con los ojos extraviados por haber visto un guardia corriendo en el jardín. Le he visto, otro día, en medio de un banquete, levantarse aterrado, derribando al suelo las botellas que había encima de la mesa, precipitarse en los jardines, abrir todas las espitas de agua, dejar correr a ésta durante una hora, y luego beber un sorbo, unas gotas, en la palma de la mano. Le vi temblar y casi desmayarse por haber hecho, un día de parada, con gesto brusco y rápido, el saludo militar.

Sigue contando algunas de las extravagancias del neurasténico coronado. El asesinato de una joven italiana, porque había sido seducida por uno a quien él veía como enemigo; el mantener una legión de espías y de esbirros secretos; su afán de rodear de tropas y guardias la cocina imperial, temiendo que lo envenenen de un momento a otro; los golpes que dio a una hijita suya, de seis años de edad, hasta convertirla en una masa de carne sanguinolenta, sólo porque tomó su revólver para jugar, acto en que el sultán vio una amenaza de muerte: las, siniestras voces con que amenaza siempre que encuentra a Selim Effendi, hijo de una de sus esclavas, deseándole una pronta muerte; en fin, una serie de locuras, que demuestran las formas morbosas de su carácter, la perversión de su espíritu, la melancolía, con delirio de persecución, de que está aquejado el odioso asesino de la infeliz Armenia.

Abdul-Hamid no tiene favoritos. No es como han sido los déspotas recelosos, cuyo capricho busca confidentes en las clases más bajas del pueblo. ¿A quién —dice un notable escritor— se encuentra con más frecuencia en la historia antigua, en la primera grada del trono de los césares, de los zares, de los sultanes, de los reyes absolutos y desconfiados, a los que preocupan sombríos pensamientos? A un eunuco, a un liberto, a un mujik o a un batelero del Bósforo. El déspota no se fía más que de los pequeños que ha decido y ha hecho a su semejanza, como el rey de la fábula antigua que hace un agujero en la tierra para depositar en él sus secretos.

El psicólogo que siguiera el hilo de la historia de los miembros de la dinastía otomana, acabaría por convencerse de que Abdul-Hamid no es más que una víctima de la ley de herencia regresiva o mediata, o sea del atavismo. Con efecto, casi todos sus antecesores han sido locos, idiotas o degenerados, que han transmitido a los hijos de sus odaliscas y esclavas las anomalías psicológicas de que estaban enfermos. Criados en una corte fastuosa, bárbara y guerrera, entre eunucos, genízaros y verdugos, y viviendo, desde la infancia la existencia muelle y sensual del serrallo, que acababa por producir el agotamiento de sus fuerzas, la taciturnidad de su espíritu, la caquexia de su cerebro; imbuidos del fatalismo de una religión supersticiosa, que lanzó a sus abuelos a través de las estepas asiáticas, sobre los baluartes de la cristiandad; pero que mató, en la mayor parte de sus nietos, todo anhelo superior, toda tendencia de mejoramiento, los sultanes, después del siglo de auge y de esplendor que siguió al año de la conquista, decayeron y se bastardearon rápidamente, como los Tolomeos y los Césares romanos. A los batalladores, a los fuertes, a los grandes, como Mahomed II, como Bayaceto, como Solimán el Grande, siguieron los pusilánimes, los voluptuosos, los imbéciles o los dementes. La vida de algunos de ellos fue una serie de alucinaciones y de pesadillas horrendas. Víctimas de la demencia hereditaria y de las aberraciones y perversiones sexuales, unos cayeron en la hipocondría, otros fueron monomaníacos, otros epilépticos. Casi todos tuvieron el impulso irresistible al homicidio, que les hizo perseguir a muerte a sus propios hijos, matar a sus hermanos, cometer los más atroces delitos y depredaciones en las provincias del imperio.

Murad IV, en sus furias extravagantes de grandeza, mantenía en sus establos novecientos caballos que tascaban frenos de plata maciza y comían en pesebres del mismo metal. Senil, antes de los treinta años, instalábase en su kiosco, a orillas del mar, roído por la envidia y por los vicios, a ordenar la muerte de los que pasaran cerca con el semblante risueño. Mahomed III hizo matar a diez y nueve de sus hermanos, en el fondo de sus cárceles, el día que ascendió al trono; Ibrahim I se extinguió en una continuada orgía, en el fondo de su serrallo, enloquecido por los vinos de Chipre y de Hungría, envuelto por los perfumes de la Arabia y agotado y embrutecido por los besos de las mujeres de Lesbos y de Circasia; la vida de Selim II fue un perpetuo delirio y una perpetua manía; Murad III llegó a tener tan poca voluntad y energía, que dejó que el imperio fuera gobernado por siete de sus cadinas; Ahmed I, en sus furias morbosas, mató con su propia mano a algunas de sus esclavas; Otmán II espantó a sus súbditos con su terrible ferocidad; Mahomed IV, en el colmo de su cobardía, arrojó a los genízaros rebelados a su bella favorita Meleki, que fue muerta ante sus ojos a golpes de daga; Abdul Azís cometió tantos crímenes y locuras, que fue depuesto del trono y acabó su miserable vida en el fondo de una prisión; y casi todos ellos, en sus delirios de conquista y en su obsesión sanguinaria, enviaron a sus tropas de genízaros y *spahís* a perpetrar horrendas carnicerías en Persia, en Egipto y en Hungría.

Tales han sido los antepasados de Abdul-Hamidel Sultán

Rojo, el Tigre de Bizancio, loco como Murad IV y asesino como Abdul Azis. Ha cometido tantas atrocidades durante su reinado, su despotismo ha llegado a ser tan oprobioso, que el pavor le persigue, los remordimientos le asaltan. Por todas partes ve miradas acusadoras, puñales vengadores. Tristes ideas de muerte, agravadas por su inquieto nervosismo, lo mantienen en una fúnebre lipemanía, de la que sólo sale para ordenar un crimen más, para cometer una locura mayor.

Víctima de sus remordimientos y de su espanto enfermizo, la fantasía se lo finge, en una solemne puesta de sol, paseando por el jardín de alguno de sus palacios campestres a orillas del Bósforo, el de Dolma Bagt- ché o el de Ceragan. En el verdinegro de los cipreses y el verdeclaro de los plátanos, resaltan las rosas encendidas, los mirtos encendidos. Resalta su caftán rojo, su calzado rojo, su turbante rojo, y brilla la empuñadura de cimitarra damasquina incrustada de perlas, de brillantes, de rubies. ¿En qué piensa, midiendo con lentos pasos las sendas enarenadas? ¿Teme alguna conspiración de sus guardias? ¿Recorre mentalmente la historia de su triste vida? ¿O medita en la suerte de su raza agonizante, de su Imperio moribundo, sobre el que se cierne la espada del austríaco, el tremendo sable del ruso, las amenazas de la Europa coaligada?

La fantasía se lo finge también en la más secreta estancia de alguno de sus espléndidos kioscos, en una habitación revestida de mármoles y de espejos, de techo esculpido y cincelado, decorado de paños bermejos. Hay allí una soberbia confusión de tapices de Esmirna, de alfombras y bordados de Persia y del Kurdistán. En las paredes se apoyan divanes revestidos de paños bordados de oro; míranse en las esquinas grandes jarrones de China; quémanse en los pebeteros perfumes y gomas aromáticas; las mesas están atestadas de cajas llenas de joyas. Es antes de la media noche. Del techo cuelga una admirable lámpara morisca, bañando de luz tibia aquella cámara de placer, en cuyo fondo se ve un gran lecho de damasco rojo, puesto sobre el lomo de cuatro leones de marfil y disimulado por cortinajes de seda. A sus pies se extiende un tapete de piel de camello bordado de plata, y cerca, sobre una mesa de nácar, descansa una enorme pistola, en cuya culata centellean cien piedras preciosas. Y en este lecho, en el desorden de las riquísimas ropas, yace el sultán al lado de una encantadora esclava de veinte años, robada en algún rincón de la Georgia, contrastando su fisonomía angulosa y pálida con el rostro sonrosado de la dormida; su ceño fruncido con la sutil curvatura de sus cejas negras; su cabello con la cabellera lujuriosa y profusa que derrama sobre los almohadones de raso; sus brazos fláccidos con los opulentos de la hermosa, brazos llenos de hoyuelos, brazos que envidiaría una hurí, brazos de princesa de Las mil y una noches donde se enroscan culebras de oro con ojos de esmeralda y pulseras de trémulos brillantes. Y mientras la esclava, respirando dulcemente, sueña con el riente rincón del Asia de donde la robaron, Abdul-Hamid, respirando angustiosamente, sueña con espantos y horrores, al lívido fulgor de una siniestra pesadilla.

Y ve cómo sus salvajes hordas, empujadas por un viento de exterminio, pasan a degüello las ciudades las villas armenias, hundiendo hasta los corvejones sus caballos árabes en charcas de sangre, en ríos de sangre, en torrentes de sangre. Y oye su bárbaro vocear, el estampido de sus fusiles, el choque metálico de sus largos alfanjes. Y, al disiparse el humo, al perderse en el horizonte incendiado el tropel de las mesnadas, ve huesos por todas partes, huesos de caballos, huesos de hombres en los barrancos, en las lomas, en los caminos bajo la desolación de los escombros...

Y de pronto se ve a bordo de imperial nave, sobre las aguas del Mar de Mármara, plateadas por la luna llena. Y con ojos espantados ve surgir de entre las ondas los cadáveres de las sultanas y de las odaliscas, arrojadas allí por orden de sus abuelos. Y oye su llanto angustioso, sus gritos de desesperación, sus ayes desgarradores. Y ve que una lleva en el corazón un puñal; que otra lleva en la garganta el cordón de seda con que se la estranguló; que otra tiene la lengua de fuera, como cuando murió en su lecho, bajo las convulsas manos de los mudos del harem, que le apretaban furiosamente el cuello. Y las ve irse en el vaivén de las olas, hundirse poco a poco en las negras profundidades...

Y luego pasan ante sus ojos sus antepasados, los feroces sultanes antiguos, seguidos de carceleros y de verdugos. Pasan con gestos de amenaza, con sonrisas de burla, apoyado el puño de hierro en el pomo de sus cimitarras. Y tras ellos van los visires decapitados, los gobernadores ahogados, los príncipes estrangulados. Van los llorosos fantasmas de favoritas y de esclavas, envueltas en la nube de sus chales y de sus velos, resplandecientes de joyas, arrastrando penosamente sus babuchas de hadas. Van los ejecutores de suplicios, los eunucos negros y los eunucos blancos, los bufones jorobados y los enanos ridículos. Van en lenta y triste procesión, rugiendo de ira los unos, llorando de dolor los otros. Y sigue el desfile a los ojos de Abdul-Hamid, que reconoce los rostros, recuerda las trágicas leyendas de cada uno, adivina la siniestra crónica de sus antecesores, cuyo trono heredó, cuya sangre heredó, cuya locura heredó. Y gime, y tiembla, y trasuda en su lecho, y quiere escaparse del fatídico espectáculo, y huir, huir sobre el lomo de un caballo más veloz que la yegua del Profeta, a través de los desiertos y las vastas soledades del Asia... Y de pronto la escena cambia, la tremenda visión se disipa. Y ve que su imperio es invadido por todas partes; que cae la media luna de todas las mezquitas; que el estandarte de Mahoma es arrastrado a la cola del caballo de un cosaco del Don; que sus tropas huyen a la desbandada; que su palacio es tomado a viva fuerza; que sus guardias son pasadas a cuchillo; que la soldadesca se aproxima al lecho donde duerme al lado de su esclava. Oye los gritos de triunfo, siente que las puertas caen a hachazos, que el tropel ha invadido su estancia... Y se ve prisionero en negro calabozo, sin noción del tiempo, extinguida su dinastía, extinguido su imperio, extinguida su religión.

Y sigue la pesadilla torturándole, y sigue el Sultán gimiendo y sudando, hasta que se levanta con la aurora, del lecho, y sube a la terraza cargada de flores de su palacio, abatido, cansado y ojeroso a respirar las brisas matinales del Bósforo o los aires salutíferos que vienen de los azulados montes del Asia, mientras la luz va bañando lentamente las doradas cúpulas de Estambul.

CARTAS

I

Tegucigalpa, 6 de abril de 1906.

Señor Director de *La Nueva Época*
Comayagua.

Muy señor mío:

Por invitación especial del licenciado don Jerónimo J. Reina, Gobernador y comandante de armas de ese departamento, que ojalá gobierne con la sabiduría de Salomón y Haroun-al-Raschid, enviaré, frecuentemente, correspondencias a *La Nueva Epoca*, periódico grave y sensato, según veo de los números que están sobre mi bufete. Reina, al fundar ese semanario, muestra con eso su actividad y buenos deseos, su comezón de adelanto, su afán de que Comayagua salga de su sopor de siesta... Intelectual de acción, con esa energía que presta la juventud y el conocimiento de la atmósfera ambiente en que vive, se ha propuesto inyectar nueva savia en las venas empobrecidas de la vieja ciudad colonial. Yo —que no soy cristiano— con perdón de mi ilustrado amigo don Francisco Cáceres, por quien tengo sincera amistad sino pagano hasta lo más recóndito de mi ser, a causa del fondo móvil y contradictorio de mi espíritu, poco inclinado a la abdicación del yo, a la mansedumbre y a la quietud individual o colectiva, puntos principales del nazarenismo, aplaudo los esfuerzos de mi camarada de letras, su tesón de lucha, su antipatía por los ambientes deletéreos.

***

El Tiempo, diario del brillante artista don Froilán Turcios, ha dedicado una edición a la memoria de José Antonio Domínguez, un poeta ilustre y malogrado, casi desconocido en su propio terruño, a causa de las idiosincrasias de su carácter. Domínguez no vivió en el sentido de esos goces y dolores que constituyen la existencia. La atravesó como un sonámbulo, sin derrotero fijo, extraño al amor, a la ambición, al interés personal, a todo lo que sacude los nervios en nuestro tránsito por el mundo. Pocos —entre nosotros— han tenido un más noble espíritu, un corazón de oro de tan altos quilates. La crítica, al juzgar su obra literaria, tiene que ir con tiento, porque no le puede colocar, de una vez, en una escuela definida. Tiene de romántico, de clásico y de modernista. Según mi pensar, es un tipo intermedio en las letras, un poeta de transición, una especie de puente —sólido, eso sí— entre la intelectualidad hondureña del pasado y la del presente. A la vez amó la idea y la forma, el pensamiento y su expresión. Sus versos carecen de sensibilidad erótica, de ese tono caliente, que sólo da el fuerte amor de la hembra, el roce íntimo con la mujer, el beso conseguido por voluntad o por fuerza, el doloroso placer de los brazos unidos, de las lágrimas mezcladas... Sin embargo, Domínguez tiene estrofas tiernas, como que era profundamente idealista y sentimental. Pienso que fue un admirable y lamentable fracasado, que se llevó a la fosa un mundo de ideas y sensaciones que no quiso o no pudo expresar. Las letras hondureñas lamentarán siempre el eclipse de este brillante escritor, llamado a grandes destinos literarios.

***

Se aproxima la Semana Santa, la fiesta religiosa más solemne del año. Todos se preparan para lucir sus ropas nuevas. Hay gran tráfico en los almacenes de la población, que, dicho sea de paso, van quedando pocos en poder de los hijos del país. El comercio extranjero nos invade, arrasando con la tienda tradicional, mezquina y polvosa. Es de costumbre, en esta ocasión, que las casas se blanqueen. Las acres emanaciones de la cal fresca, bañando las paredes a grandes brochazos, que salpican las aceras de lluvias lechosas; el perfume capitoso de las flores de coyol, que empiezan a llegar; un no sé qué de triste que flota en el aire caldeado por un sol ardiente, todo nos recuerda por extraña evocación, la niñez lejana, la fe perdida para siempre. Llenan la mente mediodías de llamas; trajes y sombreros nuevos; hojas de palmera; altares pobres y deslucidos; lluvias de flores de coyol; procesiones lentas y solemnes; matracas voltijeando pesadamente; ángeles rosados y resplandecientes en andas; sermones gangosos sobre muchedumbres de rodillas; la Virgen con los siete puñales; el Cristo, exangüe y sangriento, descendiendo de la cruz, amortajado en la vitrina. El silencio profundo, la gran melancolía de la angustiosa noche del Viernes Santo. Luego la Gloria del Sábado, la procesión triunfante del Domingo de Pascua, a la luz matinal, bajo el cielo alegre sobre la multitud risueña. El alegre repiqueteo de las campanas, el Nazareno en apoteosis, cortinas multicolores, mujeres bien trajeadas, la vida social que renace. Todo esto evoca uno al aproximarse la Semana Santa. Para los que hemos perdido la fe, por nuestros devaneos con la filosofía y la ciencia, nos queda como don precioso, la poesía del recuerdo, el grato espejismo de la infancia.

* * *

El indulto concedido por la Asamblea Nacional Constituyente ha vaciado las cárceles de la república. Hombres temibles y ratas inofensivos han sido puestos en libertad, a ver qué hacen por los poblados y despoblados. Algunos que ignoran la bondad de nuestro sistema penitenciario, y que estiman, en cualquier criminal, un hermano en el Señor, sin duda han derramado lágrimas de alegría, al ver disolverse esa nube de criaturas angélicas. Yo creo, sin llegar, por supuesto, a los extremos de los antropólogos contemporáneos, que hay mucho de congénito en el criminal, mucho de atávico. También, aunque no siempre, en que su fisonomía difiere de la del hombre normal, bien equilibrado, que si comete un delito, lo hace por fuerza irresistible o por exceso de pasión. Claro que el medio en que se desarrolla el individuo, influye enérgicamente en él, y que tal vez un pobre diablo, pacífico como un borrego, que sólo hubiera matado moscas durante toda su vi da, termina por darle punto y raya al Manco Mena, si hay una serie de circunstancias —vagabundez, miseria, malas compañías, alcoholismo, prostitución— que despierten en él al hombre de la caverna. La virtud y el vicio, lo dijo Taine, son un producto como el azúcar y el vitriolo. Para Federico Nietzsche, filósofo de paradojas violentas, ciego partidario de la fuerza y de la acción, que le ha llevado a deificar a César Borgia, el criminal viene a ser una especie de fracasado, de hombre vigoroso colocado en condiciones desfavorables.

Fáltale —expresa en El Crepúsculo de los Ídolos— vivir en una comarca salvaje, y de un modo más libre y peligroso, donde subsiste de derecho todo lo que en su instinto constituye su arma y su defensa. Cuando un hombre así, un hombre de la naturaleza, viene del mar y de las montañas, degenera fatalmente en el criminal. O casi fatalmente, agrega Nietzsche, porque hay casos en que un hombre tal, es más fuerte que la sociedad. El corso Napoleón es el ejemplo más célebre. Según este singular criterio, muchos delincuentes, tal vez los de más fuste, son héroes y caudillos fracasados desgraciadamente.

II

Los domingos tegucigalpenses son un bostezo sin fin. En algo deben asemejarse a los de Londres. Por la mañana, los bronces parroquiales, sonando desapaciblemente, llaman a misa. Se ve por las calles alguna asmática, alguna niña en los floridos abriles, luciendo todos sus alfileres.

Concluida la función religiosa, los gomosos locales, verdaderos lechuguinos echados a perder, flirtean en la puerta del templo, con muecas de simio. Da ganas de suicidarse de las doce a las tres de la tarde, tal es la fúnebre desolación de las calles.

Cerrados herméticamente los almacenes, donde babeaban soñolientos, tras el mostrador, los mozos aspirantes a mercachifles, la vida comercial se estanca. Como son los últimos días de la estación seca, el paseante se expone a caer muerto sobre el empedrado, que parece, lamido por la luz cenital, un deslumbrador reguero de ascuas.

No queda más remedio que meterse a las cantinas, a beber cerveza o copas de whisky malísimo. O que colarse en el barullo de la tradicional gallera, a hacer, en una atmósfera de tabaco y macho en celo, apuestas ridículas por el melcocho o el giro. Por la noche, la faz del domingo se espiritualiza.

La juventud del día, estirada, con lo mejor de su guardarropa encima, se pasea en el Parque Morazán en rebaño, fuma detestables pitillos o plebeyos cigarros puros, haciendo la corte a muchachas, lindas, meticulosas y mal trajeadas, todo al son de los cobres de la Banda Marcial.

A las nueve y media, Tegucigalpa duerme el pesado sueño de las ciudades vegetativas. A pesar de su ligero baño de modernismo, es una población a la antigua, melancólica y bostezante y sin tráfico ni vida. Quitándole los prestigios del Gobierno, esto se convertiría en un camposanto. Faltan el ir y venir de los carruajes, el humor de los tranvías, la premura de las gente ocupadas; el susurro de la colmena humana, inquieta, y laboriosa; en fin, todo lo que da carácter a las capitales modernas, arrolladas por los rugidos de las locomotoras y máquinas de vapor.

Cuando uno llega a esta población, después de haber vivido en otro país por mucho tiempo, se atedia lastimosamente, casi se ahoga en estas calles torcidas, estrechas, gibosas y empedradas de mal humor. Pero el ambiente, letárgico y asfixiante, se cuela adentro como una pulmonía.

El repatriado concluye por echar grasa, andar con paso de plantígrado, hacerlo a todo bicho la zalema del reglamento y meterse en las hablillas del vecindario, que es como meterse en un catre con chinches o en un zarzal con garrapatas. Tan cierto es que el hombre tiene que adaptarse a todos los medios so pena de morirse o de que le maten.

***

Según leo en El Pueblo, de La Ceiba, bisemanario que redacta con brillo Francisco J. Mejía, el departamento de La Atlántida, como toda la costa del norte, progresa con celeridad. El ferrocarril que los señores Vaccaro Bros. y Co han construido en Salado, se partirá en dos ramales, dirigiéndose el uno a La Ceiba y el otro a Hisopo, cerca de Tela; la canalización de la entrada de la Laguna de los Micos, en jurisdicción de Tela, y la apertura de un nuevo puerto en Río Tinto, desarrollarán con vigor la industria agrícola; el camino de Yaruca, obra por la que se interesa vivamente el general Bonilla, será una potente arteria comercial entre la región costeña y del interior; y en La Ceiba, finalmente, Mr. Ellis construirá un muelle para facilitar el tráfico, según lo tiene ofrecido.

El comercio de bananos —todos los días más activo — hace afluir a la costa el oro norteamericano, que, por diversos cauces, llena la bolsa de ricos y pobres. Se abren allá nuevos almacenes, constrúyense más edificios, descuájanse bosques enteros. El dólar, omnipotente y sonoro, lo allana todo, lo arrolla todo. Brilla en el cinc de los tejados, en la piel lustrosa de los enormes toros sementales, en la suculenta grasa del ganado porcino, en el albor de la camisa del pequeño propietario caribe; en los verdes y jugosos pastos, en la leontina del ventrudo finquero, en los mostradores de tiendas y cantinas, en el anular de las vellosas manos, en la rubicunda corteza de

166

los guineos, en la atmósfera llameante que lo baña todo... Es la apoteosis de Pluto, la gloria del metal bendito y maldito, el triunfo del trabajo, sudoroso y jadeante. El bienestar cunde de arriba abajo. Bracero del país   —indolente contemplativo— tiene que luchar con el moreno, hecho a las brutalidades y murrias del Atlántico, a la dura faena, al clima caliginoso, que tan bien se adaptan a su medio íntimo, donde están latentes los fieros atavismos de las razas cafres. El hondureño de los climas templados, en esta lucha por la vida, o se adapta o se va.

El progreso de la Costa norte es lógico. Un aspecto especial de la civilización del continente colombino tiene que manifestarse en la vasta cuenca del Mar Caribe, que comprende a Estados Unidos, México, la América Central, Panamá, Colombia, Venezuela y las grandes y pequeñas Antillas. Queda por saber si ese mar, ceñido de una costa ubérrima y lujuriante y esmaltado de islas edénicas, está destinado a ser un gran golfo internacional, o simplemente un lago norteamericano, donde ondee, en el más alto mástil de los grandes acorazados, el pabellón de las barras y de las estrellas. Todo parece hasta hoy, indicar lo segundo; mas nadie sabe qué le reserva el porvenir al apoplético boxeador yanqui, que acaba de mostrar sus puños edematosos por lujo de fuerza, en el palenque de Marruecos, donde todas las potencias, famélicas y voraces, querían engullirse la parte del león. Recuérdese, si no, la pedrada de David en la frente de Goliat, que sigue silbando a través de los siglos. O la debilidad de esos colosos humanos, capaces de matar un buey de una puñada, quienes se lleva una calentura catarral o una constipación del vientre.

***

Sigue construyéndose el nuevo mercado de la ve cina ciudad. Será un edificio amplio, cómodo y elegante, con capacidad de sobra para un número de tiendas y puestos de

167

venta. Se ha procurado que llene todas las necesidades de los edificios modernos de su índole. El antiguo de esta ciudad —según entiendo— da náuseas. Es una insalubre Babel de legumbres, frutas, granos, carnes de cerdo, etcétera. Los víveres se mezclan unos con otros, en amores adúlteros. Las tienduchas de géneros y abalorios son indigentes y sórdidas. Hombres y hembras se confunden en una apestosa promiscuidad. La grasa lo inunda todo. En el piso, que no es modelo de macadamización, no escasean las deyecciones de los chiquillos, que berrean lamentablemente, llenos de mugre, junto a las madres. Pero, comparados con la feria al aire libre de antes, bajo toldos rústicos, los mercados de hoy acusan un notable progreso.

***

Tiénese el proyecto —ignorando si se practica— de trasladar el rastro a algunos centenares de metros al norte de donde está. Que así sea, para bien de la higiene pública. Por ahora, es uno de los peores lugares de Tegucigalpa. Construido a la buena de Dios, se alza al poniente de la población, junto a la orilla del Río Grande. Comparados con él, el pesebre de Augías o el estercolero de Job resultarían aseados y bien olientes. Las víctimas hambrientas y soleadas durante dos o tres días, esperan atadas a los postes vecinos, a que lleguen sus verdugos, achispados generalmente, hasta la raíz de la oreja. Se hace el sacrificio de las pobres reses, ni más ni menos que como en los tiempos del hombre cuaternario. La bestia, entre fuertes ligazones, muge dolorosamente; el cuchillo se hunde relampagueando en su cuello; la sangre salta en grandes chorros, corriendo vivida, caliente y humeante. La brutal disección que sigue a la luz de las antorchas de pino, es una obra de paciencia y de ferocidad inconsciente, que no cabe en estos párrafos escritos *cálamo currente*.

A la hora meridiana despréndese del lugar un vaho mefítico;

168

la plaga de las moscas rumorea sobre los coágulos; las aves de rapiña, negras y calvas, graznando lúgubremente, se disputan algún trozo de intestino; el estiércol amarillea en los alrededores; la sangre en el canal que la lleva al río, empieza a descomponerse No falta un can, tísico y sarnoso, que lama con delicia esos detritus horribles...

Mientras el hombre se alimente principalmente de carne como los gatos y los tigres, los mataderos públicos deben vigilarse de preferencia, procurando por su aseo y ventilación. No creo que el hombre pueda vivir sólo de productos vegetales. Esta es una locura como tantas. Un examen de mis dientes, donde la carne ha empezado a ensañarse, me dice que tengo mucho de los animales carnívoros. El mono antropoide, mi honorable abuelo, se encargaría de decirme el cómo y el porqué.

Por consiguiente, están chiflados los que pretenden que la raza humana coma solamente yerbas y frutas, como los jumentos y los pájaros. El hombre —síntesis de la naturaleza— debe explotar sus tres reinos para su alimentación, principalmente el animal. Los pueblos que engullen más carne y más huesos, como el inglés, son los más aptos para la lucha por la vida. Su fibra muscular es la más vigorosa, su cerebro más potente, su savia más prolífica. Tienen el ímpetu de los leones y de las águilas. Son —y la historia no me desmentiría— los pueblos de las rapiñas felices, de las grandes cacerías humanas. La señal de su garra, profunda y sangrienta, puede mirarse fácilmente en un mapamundi..

III

Pasó —con su mística tristeza— la Semana Mayor, que comprende la pasión, muerte y resurrección de Jesucristo. Esta mística tristeza únicamente la sentirán los que creen a ciegas en la fe ortodoxa, los que son sinceros católicos. Para los que, de tiempo atrás, abandonamos tal creencia, semejantes ceremonias no revisten mayor interés. Las examinamos con ojos indiferentes, con la frialdad con que veríamos las procesiones eléusicas, brahmánicas o mahometanas, que todas las religiones se reproducen y copian. El cristianismo sufre actualmente, después de pasar por el cristianismo primitivo, que comprende los tres primeros siglos, por El Papado, que abarca doce y por La Reforma, que llena tres, su cuarto período de evolución, en el cual, o se adapta a las necesidades de la civilización contemporánea, producto de la ciencia, de la razón y del trabajo, o sucumbe fatalmente, cediéndole su lugar a la religión del porvenir —que es la del deber, de la justicia y de la verdad— y que cuenta como adeptos a los espíritus más nobles y cultivados del mundo.

La crítica histórica del cristianismo, hecha magistralmente por Strauss, Fuerbach, Baur y Renán, ha dado en tierra con el edificio fantástico erigido pacientemente desde el concilio de Nicea. Hoy la gente ilustrada ya sabe a qué atenerse sobre las verdaderas fuentes de la religión nazarena; no ignora a qué manipulaciones se debe el imperio de los cuatro evangelios canónicos, escogidos entre un montón de manuscritos contradictorios y falsificados que databan de los primeros siglos; y atribuye más que a Cristo y a sus pobres discípulos —ninguno de los cuales, en cuenta el Maestro— dejó escrita una letra, por la fácil razón de que eran analfabetas del todo, la victoria de la doctrina a Pablo, el más ilustrado y belicoso de sus propagadores que, como hijo de griego y de judía, reunió en sí la poderosa dialéctica de los helenos y la desordenada, deslumbradora y agresiva imaginación de los semitas, única capaz de crear ese poema llameante y lúbrico que se llama la Biblia. San Pablo ha hecho más por el cristianismo que todos los discípulos de Jesús, y pagó la broma con su vida, puesto que —si no me trabuco— Nerón, que tenía ocurrencias peregrinas, le envió al cielo del taumaturgo del Gólgota.

***

El cuerpo militar obsequió, el trece del mes corriente, aniversario de la entrada en esta capital del ejército legitimista, un magnífico bastón al presidente de la república, en cuyo pomo de oro centellea su monograma, en una constelación de brillantes. Esto muestra la simpatía que tiene el ejército por el general Bonilla, que ha afianzado la paz por un grande lapso, quebrantándole la cabeza al dragón de la guerra civil; que ha ahorrado más vidas nuestras que todas las de la fábula; que ha protegido enérgicamente el desenvolvimiento mental de nuestra patria, no con acuerdos de pomposo retoricismo, más con erigir edificios para las escuelas de ambos sexos, con enviar al extranjero la flor de la juventud y con traer gran copia de textos y útiles de enseñanza; que ha puesto las bases de la organización y moralización del ejército, estableciendo escuelas militares para que se forme en ellas una legión de oficiales disciplinados e instruidos; que ha aceptado la responsabilidad administrativa del ferrocarril del norte, hasta convertirlo en una empresa organizada y fértil, como jamás se soñó; que ha contribuido al génesis de una legislación nueva y vigorosa, de acuerdo con el espíritu de la época y el estado evolutivo del país; que ha tratado de resolver, con suma ecuanimidad, nuestros problemas de límites y de empréstitos; que ha organizado, de un modo final la deuda interior, sacándole de su forma de nébula económica; que ha cancelado fielmente los compromisos pecuniarios de su administración, tanto los de la última guerra como los del presupuesto civil y militar, sin comprometer las rentas de la nación, ni recurrir a préstamos de dentro o fuera; que, en resumen, en el mayor silencio, rehuyendo aplausos y parabienes, ha lanzado a la nación por un camino nuevo, amplio y luminoso. A grandes rasgos esta es la obra del general Bonilla en su primer trienio de mando. Aquí cabe aquel aforismo español, que se atribuye al general Bográn, y que es más viejo que los poemas del Cid y de Berceo: *"Obras son amores y no buenas razones"*.

***

Resultó magnífica la velada lírico—literaria con que terminaron los juegos florales, organizados por el brillante publicista don Esteban Guardiola, director de la Biblioteca y del Archivo. Para detalles de esta fiesta de la intelectualidad capitalina, véanse *El Estado y el Diario de Honduras*. La velada se verificó en el Salón de retratos, "en el salón, de fondo azul turquí", florido de bellas mujeres, constelado de focos eléctricos, resplandeciente de tremoles, de la plata y del oro de los muebles. Se dio en él cita lo más selecto de nuestra sociedad, ávida de música y de bellas letras, o mejor, de distracciones cultas y finas, que hacen tanta falta aquí, donde si no se sueña, en cambio se duerme... ni más ni menos que en Comayagua.

El defecto de estos Juegos Florales —para mí— está en haberlos organizado como en los buenos y dulces tiempos de los señores de horca y cuchilla, sin percatarse de que vivimos en la época de los rayos X y del telégrafo inalámbrico. La poesía, para ser tal, no necesita inspirarse en los recuerdos de Maricastaña cuando puede hacerlo en el presente. ¿No fue el siglo XIX, el siglo de la investigación científica, el siglo poético más grande de todos? Lo que el feudalismo tiene de bello lo debe a lo brumoso de la Edad Media —la edad enorme y delicada— que dijo el lírico de La Leyenda de los siglos, no a los versos que se rimaron en aquellos dichosos tiempos de libre pillaje, que no valen, claro está, ninguno de los afeites íntimos que usaban aquellas garridas castellanas, a las cuales hubiera deseado amar, no platónicamente, que por ahí no me da la locura, ni aspiro a San Luis Gonzaga, ni tengo castidades de don Quijote, como Arnaldo de Marveil y Rambaldo de Vaqueiras y el resto de la llorona legión, sino como don Juan Tenorio y don Félix de Montemar.

Es necesario —y el organizador de los Juegos Florales no debe echarlo en saco roto— organizar los próximos de un modo menos arcaico. Nada de serenatas, canciones y baladas, sino de poesías de corte y tema modernos, que tengan, pero de veras, espíritu, sangre y nervios.

IV

Los periódicos publicaron, antier y ayer, los primeros telegramas de la enorme catástrofe de que ha sido víctima la opulenta ciudad de San Francisco de California, alzada soberbiamente a la orilla del Pacífico, inmenso, rumoroso y azul. Un terrible terremoto, en un santiamén, ha echado en tierra la obra paciente y laboriosa de varias generaciones de mercaderes, arquitectos e industriales, cuyos abuelos fueron aquellos osados buscadores de oro, mezcla de mineros y de bandidos.

Magníficas casas particulares, espléndidos edificios públicos y grandes almacenes han quedado de súbito, reducidos a escombros, bajo los cuales el hormiguero humano, tan afanoso y orgulloso, fue aplastado, destripado, triturado sin piedad.

Como una desgracia no viene sola —al pensar de los fatalistas— el fuego, tal vez el más terrible de los elementos, apareció en seguida en varios puntos de la cosmópolis norteamericana, lamiéndolo todo con su lengua roja y sitibunda. Los lectores de imaginación pueden figurarse el lúgubre y grandioso espectáculo, la tierra moviéndose, hundiéndose, abriéndose; el mar Pacifico, sacudido hasta el fondo, bramando espantosamente, en la costa, ávido de desbordarse sobre ella; las casas —centenares de varios pisos— desmoronándose con una violencia espantosa; los almacenes de explosivos y de petróleo incendiándose, estallando en torbellinos de chispas, en chorros multicolores y ardientes; el humo —negro y asfixiante— inundándolo todo como una marea, cegando los ojos, colándose por la garganta, ahogando a las muchedumbres fugitivas, locas de terror, poseídas de un espanto animal,

173

aullando, llorando, escapando en greyes medrosas y bestiales, perseguidas por el furor de la naturaleza inclemente, sin entrañas, de pechos de bronceo.

Espectáculos semejantes —por una lógica fría— hacen pensar en el que mundo no está regido, ni puede estarlo nunca, por la bondad, justicia y orden de un Ser Supremo, indiferente y lejano, como el Júpiter del paganismo, sino por las brutales fuerzas de la naturaleza, quieta y dormida unas veces, feroz y convulsiona da otras. Desde hace miles de años los hombres de mirada penetrante lo ven con toda claridad. ¿En dónde está ese Dios, ese padre benéfico, cuando la tierra sufre una de esas espantables catástrofes? En ninguna parte.

Las tempestades cogen los buques y los sumergen en los abismos oceánicos; los terremotos destruyen en un minuto el trabajo de un siglo; las epidemias pasan sobre las naciones, llevándose por delante a los buenos y a los malos, a los niños y a los viejos; el mar traidor y fiero, salta sobre sus barreras cualquier día tragándose un puerto, entregado a la industria y al tráfico; siniestras enfermedades, como la tisis y la sífilis, acaban con los seres más robustos, consumiéndolos lentamente, comiéndose sus carnes a pedazos; el hombre, desde que nace hasta que muere, no da un paso sin ser víctima de una acechanza; en el aire, en la tierra y en el mar, la lucha por la vida se recrudece sin cesar. Los buitres cazan a las palomas, los leones a los antílopes, los tiburones a los atunes, y los ingleses, norteamericanos y alemanes, cazan boers, tagalos y herreros. La ley del más fuerte ha sido, es y será eterna en este mundillo, ora se imponga con hachas de sílex, como en los tiempos primitivos, ora con fusiles máuser, como en los de hoy. ¡Vayan ustedes a buscar a Dios, bueno, justo y misericordioso, en este enredo de apetitos, pasiones y bajezas! A Dios, al Dios de las religiones que hoy privan en el mundo, hay que darle licencia indefinida, si es que él no se la ha tomado, desde el tiempo inmemorial, aburrido de estar de balde, en un cielo que ha desacreditado el telescopio.

Los que no queremos ofender a Dios, por no remediar las desgracias de aquí abajo, nos refugiamos tranquilamente en el panteísmo, pensando que aquél es una misma cosa con la naturaleza, como imaginó el gran Spinosa. Libres ya de las creencias antropomórficas y antropocéntricas de la niñez, sabemos que somos la forma superior de una selección zoológica, y que este mundo no tiene malditos privilegios, sino que vuela ni más ni menos que los otros, vertiginosamente a través de los espacios, sin que se conozca bien cómo ni cuándo acabará, aunque pudiera ser que, en los momentos en que trazo estas líneas, estallara en mil fragmentos, lo cual no deja de inquietarme.

¡Lo que son los tiempos! Hace algunos siglos que, por pensar así, me hubieran asado, como pollo, tranquilamente, en la hoguera. ¡Qué horror! De sólo pensar en ello —como decía Pepe Batres— hasta el pelo se me eriza. Hoy, por fortuna, no me atraeré más que las secretas iras de alguna vieja devota o de algún teólogo de levita, que cree en el diablo y en que salen los difuntos.

* * *

No hay día en que el Diario de Honduras o El Tiempo dejen de dar cuenta de un hecho de sangre. Ya es un rústico que ingresa descuartizado de las aldeas vecinas, donde se matan por cualquier asunto baladí; ya una riña en las calles de la población, a cuchilladas o a balazos, que acaba trágicamente; ya como sucedió anoche un individuo que muere alevosamente de una puñalada, sin que se dé con el autor del crimen. El alcohol, las más veces, es la causa primordial del delito. Después que beben los hombres de las razas del Norte, teutones y sajones, acaban entregándose a una terrible función de boxeo. En cambio, los italianos, españoles e hispanoamericanos, gente de sangre al pelo, echan mano al puñal, abriéndose el abdomen o el tórax. Su borrachera, neurósica y delirante, casi siempre tiene un epilogo sangriento. Son gentes de mal alcohol, que todo lo ven rojo en cuanto se les sube a la mollera.

Nuestras leyes últimas no han sido tan rígidas, como era de necesidad, con los crímenes de esa índole; pero el Código Penal nuevo es más draconiano, en ese punto, que el antiguo. Hay tigres humanos, criminales de herencia, variedades del genus homo, contaminados de morbos malditos, que no se pueden corregir con la cadena, ni con un régimen celular. Para ellos no queda más recurso que el exterminio, la eliminación absoluta. Si deben vivir los hombres sociales, dulces y equilibrados, urge que desaparezcan los homicidas impulsivos, los asesinos netos que son verdaderos hombres de la caverna extraviados en el mundo moderno.

***

En el edificio que ocupaban el Instituto Nacional y la Universidad va a fundarse el Instituto Villatoro, supervigilado por el gobierno, que ha concedido una buena subvención y bastantes útiles de enseñanza. La mente del poder ejecutivo, a mi entender, es que se establezca en esta capital un buen centro de enseñanza, moderno y bien montado, servido por profesores idóneos y competentes, que practiquen los últimos métodos pedagógicos.

Como el Instituto Villatoro según la contrata, estará sujeto al ministerio de instrucción pública, es seguro que dará buenos resultados, siempre que no se le deje del todo su autonomía.

Los colegios esencialmente privados, según he observado en otras partes no son —hablo en tesis general— más que centros de corrupción, de farsa y de anarquía intelectual. Las costumbres equivocas que hace nacer el íntimo roce de los alumnos internos; la mala comida, poco nutritiva y abundante; la enseñanza mediocre que se da en ellos, atiborrando a los niños de ciencia infusa, disimulada con ejercicios calisténicos, paseos y veladas, todo eso salta a los ojos del observador penetrante. La verdadera educación física, moral e intelectual, es miserablemente descuidada, hasta el extremo de que, al salir de esos planteles, donde la mentira reina en todas sus formas, los alumnos, en vez de estar preparados para la lucha por la vida, se han convertido en seres inútiles, ineptos y medrosos, tal vez contaminados de vicios secretos, e incapaces de ganarse con un trabajo mental o manual el pan de cada día.

El medio escolar en que se desarrolla el hombre, influye poderosamente en el resto de su vida. Recuérdese que el que se ha educado en los colegios jesuíticos, tiene no sé qué de monacal, no sólo en sus ideas pusilánimes y estrechas, sino en su aspecto físico, en sus gestos, en su voz, en su mirada, en su modo de caminar...

EL TIEMPO VIEJO

El Tiempo Viejo, libro publicado en Guatemala por nuestro amigo el doctor don Ramón Salazar, comprende la narración de los sucesos, usos y costumbres de aquellos célebres treinta años, en que los conservadores guatemaltecos hicieron pie firme en el Poder, gobernando beatíficamente, auxiliados del sable montañés, de las antiquísimas leyes de la Colonia y del catecismo del padre Ripalda, la ignorante y mansa grey humana que poblaba la República.

Es un curioso desfile por el escenario de un teatro antiguo, que adornan descoloridos telones, pintarrajeados a brocha gorda, y que alumbra una pálida claridad de claustro.

Pasa primero el grupo cabizbajo de los frailes, resaltando la luenga barba de los franciscanos y las sotanas negras de los jesuitas. Luego, hablando con voz chillona y desagradable, una figura pequeña, nerviosa y simpática: don Francisco García Peláez. A continuación, cuatro o cinco obispos, rechonchos y petulantes, con sus sombreros de teja y vestidos de seda nueva deslumbradora. Después, los doctores de la Pontificia Universidad de San Carlos, precedidos de maceros, seguidos de bedeles, discutiendo entre sí, como los ergotistas de la Edad Media; los señores, que formaban la clase privilegiada, vestidos correctamente de negro, llamándose unos a otros excelencia y usía, llenos de prosopopeya y tirantez, comiendo al descuido tártaras, mazapanes y turrones; las damas de aquella aristocracia parroquial, con los dedos cuajados de anillos, en las orejas aretes como torrecillas áureas, y vestidas de saya de gro rojo o verde, balanceando las campanudas crinolinas; los altos empleados del gobierno, de pantalón blanco, frac azul con botonadura de oro, botas de charol con cañones colorados, bastón con borlas y lustroso sombrero de pelo, mirando fijamente a la embobada multitud; los artesanos, con sus chaquetas de paño; y atrás, tímidamente, el pueblo, el pobre pueblo, medroso y admirado, vestido de dril y de cotín.

A lo ridículo, en seguida sigue lo cómico y lo trágico. La tarasca, las mascaradas de Xicaques, Chontales y Talamancas, bailando; una invasión de diablos, gorgonas y medusas, llevados por una pandilla de indios ebrios; Petaca y el Zurdo, campeando un toro; las cabalgatas de moros y cristianos del tiempo de las Cruzadas y de Saladino El Magnífico; el célebre Tata Bucho, representando en su teatro ambulante, con traje de rey o de pontífice; cuatro guitarristas: Pepe Batres, Francisco Garrido, Elías Portillo y Francisco Sáenz Peña; un terceto de músicos: Benedicto Sáenz, el maestro Juan de la Cruz y Anselmo Sáenz; un siniestro grupo de bandidos: José María Rogel, alias Bambita; Carlos Machungo, alias el Cabezón; Sotero Carrera; el Chato Flores; Godoy, el de los asesinatos de Jutiapa y Azacualpa, y el terrible Mansito; tres fantasmas: El Cadejo, la Llorona y el Sombrerón; y, mientras desfila este abigarrado conjunto de tipos muertos, de frailes y obispos, doctores de borla y de capelo, de señores y señoras encopetados, de artesanos y de mengalas, de monstruos y de cómicos, de músicos y de artistas, de bandidos y de fantasmas, envuelto en nubes de incienso, a la luz de los cirios y de los farolillos de colores, se oye un rumor de guitarras y de guitarrillas, de pies que bailan el barreño, el jarabe y el zapateado, de dobles y de responsos, de rezos y de letanías, de tambores y villancicos, de carracas y campanillas; truenan los cohetillos chinescos, revientan las bombas, suben al cielo los cohetes, y pasan rugiendo, como un huracán místico venido de las iglesias y de los conventos, los roncos lamentos de los órganos, mezclados a los coros de las vírgenes monjas y a las estrofas dolientes de Pepe Batres.

A su turno entran las figuras militares y políticas. Rafael Carrera, que dejó asombrada a la historia con su audacia; Manuel F. Pavón, ejemplar característico del retroceso; la figura hermosa y petulante del general Zavala; Cerna, en la berlina que usó su antecesor en el Poder; Tata Tonino, aquel viejo montañés, flaco, negro y huraño, que le cortó la cabeza a don

Serapio Cruz, la que paseó la turba fanática por las calles de la asustada capital; el pulcro y valiente tribuno don Miguel García Granados; y la terrible figura de Rufino Barrios; estos dos últimos seguidos por algunos centenares de bayonetas, al rumor de los clarines y de los tambores del 71.

El libro de Salazar contiene verdades que la juventud guatemalteca debe estudiar y aprender de memoria, para que recuerde a cada momento la noche tenebrosa y glacial en que sumió a Guatemala por treinta años, la oligarquía conservadora, apoyada en el sable del guerrillero de Mita y en la ineptitud de Cerna.

¡Todo lo grande había muerto, estaba en el destierro o se consumía en aquella sociedad asfixiante! José Francisco Barrundia, cuya tribuna había caído hecha astillas a los brutales golpes del hacha clerical, era tenido como un malvado; el doctor Gálvez se consumía en el destierro, nostálgico y triste; Juan Diéguez, el admirable y lamentable romántico, arrojado más allá de los Cuchumatanes, contemplaba melancólicamente las grandiosas puestas del sol; Manuel Diéguez, seguía a su hermano de infortunio, diluyendo sus dolores y sus tristezas en epigramas que tenían el aguijón y la miel de las abejas; Pepe Batres, el poeta satírico, figura volteriana en aquel claroscuro político y religioso, rasgueaba dolorosamente su guitarra, ante Pepita García Granados, su musa gris y consoladora; José Milla, se aislaba prudentemente, escribiendo sus cuadros de costumbres; Irisarri, inimitable reaccionario, hábil polemista y magnífico retórico, asustado él mismo de aquel ambiente mortal, huyó a la América del Sur, donde difamó, para mengua de su talento y de su fama, a algunos eximios liberales...

¡Hubo un eclipse total de luz y de libertades, y las descoloridas aves de la noche, viniendo de los cuatro puntos del horizonte, aletearon sordamente bajo un cielo sin astros y sobre una nación sin almas!

Para cerrar con un acontecimiento siniestro aquella época sombría, el 21 de octubre de 1854, en la segunda mitad del siglo XIX, ante los pueblos democráticos y libres de Hispanoamérica, dando forma al tenebroso complot de Manuel F. Pavón, la Junta General de autoridades superiores, corporaciones y funcionarios públicos, reconoció como presidente vitalicio de Guatemala a don Rafael Carrera, con las siguientes facultades y prerrogativas:

"1° Ser inmune, inamovible e irresponsable de sus actos; 2° Tener facultades de crear condecoraciones; 3° Iniciar por sí solo las leyes; 4° Nombrar consejeros de Estado ad libitum; 5° Suspender o diferir las sesiones de la Cámara por un mensaje, o convocar de nuevo a elecciones, en caso de que lo exija el interés de la nación, o sea el presidente; 6° Nombrar e instituir magistrados y jueces; 7° Administrar la justicia, no a nombre de la República, sino en el del presidente don Rafael Carrera".

Después de leer lo narrado anteriormente y este infame decreto, preguntamos: ¿Tendrá todavía valor el partido recalcitrante de Guatemala para levantar la cabeza? ¿El partido criminal y malvado que, después de sus derrotas del año 29, enarboló en el castillo de Omoa la bandera de la colonia? ¿El partido que, para gobernar más fácilmente a Centroamérica, la debilitó primero, la dividió en seguida, y sembró en los Estados pasiones malsanas y odios mortales?

¿Y los nietos de aquellos benditos ultramontanos, que se espantaban de Renán, no querían (*risum teneatis*) aceptar el romanticismo, creían en las tres unidades de Boileau y tenían a Shakespeare por un salvaje, preferían la carreta de bueyes al ferrocarril, bebían "lechita caliente" y grandes jícaras de chocolate, y cuando se encontraban a solas, se empolvaban las cabezas, se vestían de arlequines con los viejos trajes de los oidores y bailaban a hurtadillas el minuet, son los que hoy, pasada la tormenta revolucionaria, sacan con timidez la cabeza del charco a donde los arrojó, y claman, monótona y chillonamente, como las ranas de la fábula, en las revistas clericales y en los diarios ultramontanos, contra la enseñanza laica, la filosofía positiva, la libertad de cultos, las teorías de

Darwin, la impiedad actual, la ciencia atea, el divorcio, la escuela realista, la novela experimental; defendiendo, como Dios les ayuda, una literatura insubstancial y tonta, parásita del clasicismo, literatura que dicen ser clásica y pura, cuando es uno de los restos de la Colonia, el único legado de aquellos dichosos frailes gongóricos del siglo pasado, que se ocupaban en escribir la vida y milagros de los santos y en hacerle sonetos a Carlos III?

En el periódico, en el libro y en la tribuna, Ramón A. Salazar ha sostenido, durante algunos años, una lucha desesperada contra la clerecía guatemalteca. Ha sido el blanco de muchos odios y rencores, y, sobre su cabeza, cubierta ya de cabellos grises, han pasado graznando las últimas bandadas de cuervos, salidos de los bosques reaccionarios, de donde los liberales han sacado astas para sus pendones rojos.

Salazar ha sido un combatiente y un soñador, que, en medio de egoísmos huraños y torpes, cercado de odios y de envidias, y seguido de cerca por los lebreles del periodismo recalcitrante, ha podido quedar de pie, cuando otros han caído en tierra o han desertado de las filas diezmadas.

MENCOS

He leído casi todo lo que los escritores ultramontanos de Guatemala han dicho desde que Mencos soltó la pluma para siempre.

Unos le han llamado periodista insigne, otros concienzudo historiador, muchos inspirado poeta y brillante literato, y los más, talento de primer orden, gloria de las letras centroamericanas, etcétera. Sobre el ataúd de Mencos, que era una inteligencia mediocre, todos los escritores al pormenor han ido a arrojar sus prosas vulgares y sus espuertas de ripios. La verdad: no quisiera ser el muerto.

Mencos —ya lo dije— era una inteligencia mediocre, que vagaba en el tránsito de una vida inferior a otra superior. Su morbosa afición por el polvo de los archivos coloniales; su odio africano por todo lo nuevo; su prurito de atacar a los jóvenes porque eran jóvenes; su fanatismo recalcitrante y su estética, contemporánea del megaterio, todo indica que era un tipo retardado en el nuevo movimiento intelectual, que nunca comprendió ni pudo comprender, porque no lo permitía su organismo psicofisiológico.

A favor del ambiente literario en que vivía y a la sombra de la aristocracia guatemalteca, cobró alientos, y, parapetado en la trinchera de un periódico conservador flechaba, prudentemente escondido, a todos los escritores de su patria. Su obra de difamación puede servir de modelo a todos los que sienten rebeldías en el hígado al ver la producción ajena.

En política era ultramontano hasta la médula de los huesos. Soñaba, allá en el fondo de su cabeza de fraile gongórico de la colonia, con una república conventual, silenciosa e inmóvil, gobernada por una especie de Rafael Carrera y por una oligarquía de abogados.

Mencos nació tarde. Debería haber venido al mundo en una época más supersticiosa y fanática, para que se hubiese entregado, en el silencio del claustro, a cantar la gloria de algún santo o de alguna santa del calendario.

Yo creo, de muy buena fe, que no fue poeta, ni historiador, ni crítico. Como poeta, sus composiciones son pedestres, vulgares, sin inspiración; como historiador, su ensayo sobre Morazán es una urdimbre de embustes y calumnias; y como crítico, no tuvo el talento de adivinar que ya no se juzga a los escritores y versificadores con un texto de gramática en la mano, sino con un procedimiento psicológico, del cual Mencos no tuvo idea.

Y, después de esto, pueden seguir llamándole insigne e ilustre los que no tuvieron un elogio para el admirable y lamentable Domingo Estrada, el exquisito traductor de Hugo y de Poe, el brillante estilista, uno de los más finos intelectuales de la América Central.

Pero Estrada no escribió para que lo leyesen las amas de huéspedes; ni elogió a los clericales para que le cantasen responsos a su muerte, ni hizo nada por su gloria..

Entregado al nirvana de sus dolores, cuando llegó la muerte se abandonó en sus brazos como en los de una querida, importándole poco que arrojaran a su sepulcro ramos de elogios marchitos, ni que Mencos le calumniase como lo hizo.

El periodismo recalcitrante de Guatemala ha perdido, con la muerte de Mencos, a uno de sus más sombríos apóstoles; la crítica valbuenesca, a uno de sus mejores discípulos. El arte humano no ha perdido nada.

PALIQUE

Don Antonio Batres Jáuregui, tenido en la vecina república de Guatemala como un escritor muy competente, sin que falten algunos que digan que es más el ruido que las nueces, y que su erudición es postiza, arrancada trabajosamente del fárrago enciclopédico, ha publicado en un periódico de por allá un artículo gongórico, como la mayor parte de lo que sale de su pluma, que se llama La lengua castellana en América.

En él resaltan las cualidades y los defectos de su estilo, aunque resaltan más sus defectos; porque el señor Jáuregui es un escritor cuya característica consiste en retorcer las frases, empedrándolas de palabras efectistas, y en usar ciertas metáforas de relumbrón, que a él le parecen el no más allá del buen gusto y de la elegancia. Así su estilo resulta casi siempre pedante, ampuloso y prosopopéyico, pareciéndose a un pavo real lleno de énfasis, que se hincha en un patio a la luz del sol, orgulloso de su apéndice de plumas.

Verbigracia, refiriéndose en el artículo mencionado a la lengua castellana, dice que "fue extendida por inmensos territorios y quilatada por sublimes ingenios".

Hablando de los conquistadores del Nuevo Mundo, escribe que traían en sus recuerdos "las pomposas galas de los clásicos inmortales, que asombraron al mundo con sus letras meritísimas".

Volviendo porque se admitan vocablos nuevos en el léxico español, exclama: "Y no se crea que, al expresarnos así, predomine en nosotros un espíritu anárquico y devastador, que destruye como el huracán y destroza como el alud y el terremoto".

Hay que reconocer, sin embargo, que un estilo así, que se hace insoportable a la larga, porque degenera en monótonas cursilerías, es mejor que el de otros académicos de Guatemala, el cual no puede ser más pobre, ni más difuso, ni más falto de virilidad.

No es nuestro propósito principal combatir el estilo que campea en la prosa desordenada del señor Jáuregui, que sólo en eso se parece a la de Carlyle, sino objetarle la doctrina filológica que ha desarrollado en su artículo, y que no creíamos que la diera a los cuatro vientos un escritor que, como el guatemalteco, tiénese por muy versado y competente en letras castellanas, y escribe siempre con el oído puesto a la música de la orquesta castelariana.

Examinemos algunos fragmentos del escrito a que nos hemos venido refiriendo: "Ello es cierto que, si tomamos todo el caudal de voces que son peculiares de cada provincia, si no comunes a América, que han enriquecido el castellano, hallaremos que tenía razón al decir a mediados de la última centuria —el erudito benedictino fray Martín Sarmiento— que los vocablos procedentes de las Indias Orientales y Occidentales, componían más de una octava parte de la lengua de Castilla".

No hay tal: el padre Sarmiento nunca dijo semejante cosa. ¿Dónde? En ninguna parte. Lo que dijo fue que el castellano constaba de diez décimos, divididos así: seis de origen latino; uno de origen griego; otro décimo de las lenguas del Norte; otro de los idiomas americanos, del alemán moderno, del francés, del italiano, del gaditano y de varios pueblos de las Indias Orientales; y el último décimo, del árabe.

En lo que se equivocaba el erudito fraile, según ha demostrado el notable humanista don Antonio José de Irisarri, en la séptima de sus Cuestiones Filológicas, diciendo que no mencionaba el vascuence entre las lenguas de que se ha compuesto el castellano, aunque Lamamendi, en su *Antigüedad y universalidad del vascuence*, y el barón Carlos Guillermo de Humboldt, en sus *Investigaciones sobre la lengua vasca*, encuentran en el castellano palabras que vienen del vascuence.

Lo que nos ha llenado de asombro, es el deseo del señor Batres Jáuregui, de "que no deben repelerse de los diccionarios aquellos numerosos vocablos que usan millones de gentes para significar objetos e ideas peculiares de una respetable colectividad por más que no se deriven del latín, del vascuence o del árabe, ya que da lo mismo en el abolengo amairá, quechua, cakchiquel o mexicano, para el caso".

Pues no, señor don Antonio: para el caso no da lo mismo; no puede dar. El español no tiene nada que ver con tales dialectos aborígenes, que hablaron o hablan tribus bárbaras, a quienes la civilización universal, ni siquiera la hispanoamericana, debe alguna obra literaria de mérito. El castellano es un idioma de noble abolengo, de muy limpio escudo y de clara genealogía, que no puede ni debe mezclarse, menos como está hoy, con las lenguas monosilábicas y guturales de los indios, que le son inferiores en todo, y que no habla ningún pueblo culto. La lengua española arranca directamente del Lacio y el romance primitivo no era más que un latín barbarizado, confundido antes y después con algunas lenguas que se hablaban y aún se hablan en la Península. Sus nombres más usados, los pronombres, sus preposiciones, y la sintaxis misma, están manifestando su clara fuente ciceroniana. ¿Cómo va a mezclarse así con dialectos tan selváticos como el amairá, el cakchiquel o el quechua? Extraño que proponga tal extravagancia un hombre que se dice filólogo, que presume de purista y de castizo, y que penetra al templo cervantino con respeto de fanático.

Mas si lo dicho por nosotros no tiene autorización, sí tendrá lo del célebre Montalvo, el más grande de los escritores de la América Latina, y el que más gallardamente ha manejado el habla de Castilla, al decir del estilista don Juan Valera: "El inocentón que iba a proponer a la Academia española (no sé si ha sido propuesto), adopte para su lengua las interjecciones del quechua, posee realmente el caudal de buen juicio y buen gusto necesario para amenazar con el descrédito al autor de las Catilinarias".

Más adelante, haciendo hincapié en el propio tema: "Sin recta derivación no hay neologismo razonable: los orígenes de la lengua de Castilla son las sabias, esos difuntos majestuosos que yacen largo a largo en las ruinas de Atenas y de Roma, dando desde el sepulcro la ley de la cultura a las naciones. Del hebreo mismo tomaron muy poco los fundadores de nuestro idioma; del árabe, algo más; pero aun ésta es lengua sabia y reconocida como una de las fuentes de la española. Ir a buscar términos cerriles de lenguas bárbaras para exornación de una de las más pulidas y sonoras de los tiempos modernos, es delirio de insensatos o majadería de tontos".

Ya ve don Antonio Batres Jáuregui que se equivoca lamentablemente cuando aboga porque en el léxico castellano entren vocablos indígenas de América, que para nada son necesarios, y que harían muy mal papel con su salvaje penacho de plumas entre las palabras por cuyas venas corre la sangre romana o árabe. Los neologismos, cuando son de buena alcurnia, pueden ser y deben ser admitidos en el solar ibero. Neologismos eran en el siglo XVII: adolescente, candor, fulgor, joven, meta, neutralidad, petulante, y otras muchas palabras que hoy están de moda.

La Academia de la lengua, a pesar de su característica indolencia, ha previsto atinadamente la renovación del idioma y la necesidad que hay de injertar ramas nuevas en la encina castellana; y ha concedido licita y amplia libertad de hacerlo a los maestros del buen decir, agregando, sin duda para disculparse, que se han permitido italianismos a Garcilaso y a Cervantes, como a Quevedo y a los novelistas de los siglos XVI y XVII alguna dicción o frase tudesca, y que "traer a nuestra lengua voces y giros del latín o griego, cuando son menester y nos faltan, lejos de censura, merece elogio".

Aunque no comulgamos en el altar de la calle de Valverde, y menos en compañía de los pseudo-clásicos de Hispanoamérica, en eso estamos de acuerdo con la Real Academia de la Lengua. Desearíamos, para que la licencia fuera más amplia, que se castellanizaran algunos vocablos ingleses, galos y alemanes, que faltan para nombrar ciertos inventos y descubrimientos, y darles colorido a algunas ideas modernas, del dominio ya de las ciencias, de las artes y del periodismo.

Lo cual sería más útil que desenterrar arcaísmos sepultados bajo las capas de los terrenos clásicos, como quisieran algunos que pretenden enriquecer el idioma, y que toman por muletilla alguna dicción llena de orín, cayendo en la monotonía y en la pobreza, y dejando perder neciamente el abundoso caudal del idioma, lo que criticó Quevedo, cuando dijo que "remudar el idioma es limpieza". De estos rebuscadores de palabras y giros geológicos, se burló donosamente el satírico poeta don Tomás de Iriarte, en su fábula El retrato de golilla, que acaba:

> Ahora, pues, si a risa provoca la idea
> que tuvo aquel sandio moderno pintor,
> ¿no hemos de reírnos siempre que chochea
> con ancianas frases un novel autor?
> Lo que es afectado juzga que es primor;
> habla puro a costa de la claridad,
> y no halla voz baja para nuestra edad
> si fue noble en tiempo del Cid Campeador.

Si merecen censura los escritores a que se refiere don Tomás de Iriarte, más, mucho más la merece quien se atreve a proponer a toda una Real Academia de la Lengua, de la cual es socio correspondiente, que se admitan en el léxico castellano las bárbaras y selváticas dicciones del amairá, del quechua y del cakchiquel. Para ese tal, ¿no habrá por ahí un fabulista chistoso y mal intencionado que le ponga en un apólogo?

CARLOS SERPAS

A nosotros, a los que sembramos trigo mental y cultivamos nuestros árboles de ensueño y nuestros rosales de ilusión, es a quienes toca decir, a los cuatro vientos, pese a la indiferencia del medio o a la mediocridad victoriosa, cuánto valía este gran desaparecido, y cómo su cerebro era de oro, y sus pensamientos de oro y plata, y su estilo, de oro, de plata y hierro, ligado el conjunto con los más finos metales tolstoianos y emersonianos, porque su riqueza espiritual era mucha, y su red de pescador de ideas muy grande, y su mirar lo abarcaba todo, desde los talleres de Marx hasta los jardines estéticos de Ruskin.

Maldita la aleve dolencia que le ha llevado al sepulcro, en la claridad meridiana de su generosa vida, cuando su labor triptolémica auguraba una opima cosecha, y se esbozaba, en el inquieto girondino que llevaba adentro, el apóstol futuro, que luego tendría derecho, porque era leal y noble, a gozar, desde su belvedere meditativo, pasada la tormenta juvenil, de la dulce placidez de su obra, del encanto de su otoño mental, cuando la vejez aventara sus cabellos y cincelara su frente.

Tan recta y tenaz fue su lógica de pensador convencido, que le llevó, en sus ratos líricos, a negar que las religiones eran hoy simples motivos poéticos, tal como pensara Goethe, e impregnó —para ser consecuente con sus ritos interiores— de un glacial y noble materialismo, los dulces versos que conocemos de él. Tal hizo el admirable y lamentable Manuel Acuña, al trazar sus magníficos tercetos *Ante un cadáver,* que es la escala filosófica más firme por que ha ascendido el estro hispanoamericano.

Recordaremos siempre, los que le tratamos, aquella su taciturnidad continua, que velaba como una niebla las grandes y luminosas perspectivas de su alma, triste de meditación y de enormes lecturas; aquel su silencio distraído, orgullo y vanidad para algunos, pero que no era más que la melancolía de los que han nacido para vivir pensando sobre las entrañas del mundo; aquellos ademanes lentos y tímidos de luchador y de soñador, para quien son imposibles, por la rígida armazón interior, las sonrisas y genuflexiones al uso; todo su noble ser físico; rica la cabellera, de marfil la tez, como el plumaje del cuervo la barba, prócer y garrido, denunciando todo su conjunto a un ser de selección vaciado en moldes insignes.

Unió Carlos Serpas —para citar la frase de Hugo ante la tumba de Saint-Victor— la profundidad de los grandes pensadores al esplendor de los grandes artistas. Su obra queda regada en periódicos y revistas, de donde sus amigos debemos recogerla, para restaurar su memoria. Es multiforme y compleja; pero, examináis el álveo de su torrente mental, hallaréis en si él diamantes, rubíes y amatistas. Porque en la agitación de su propaganda, sembró su estilo de piedras preciosas, tal como un rajah que, yendo de caza, abandonase entre los zarzales sus más finas presas.

Serpas dormirá tranquilamente el sueño de la eternidad, porque, en su sepulcro, que debe ser sagrado para la juventud salvadoreña, no sonará la trompeta del juicio final.

PALIQUE

Más vale tarde que nunca, es decir, más vale que le conteste tarde al señor don A. Fletes Bolaños, en vez de nunca, como hacen algunas notabilidades centroamericanas cuando les toma el pelo un joven de talento, que para nada tiene que andar con miramientos, y que les prueba en un dos por tres que no valen un comino, que tienen aquella ilustración ratonil a que aludió en una fábula Lafontaine; que son tipos como aquel don Timoteo del insigne Larra; y que su prosa, sus ideas y su arte, son contemporáneos del megaterio o del plesiosaurio.

Entonces es de ver cómo se envuelven en su propia dignidad; cómo tratan de entregar a la conspiración del silencio, que decía Schopenhauer, al osado iconoclasta que ha profanado los ídolos de la ignorante muchedumbre; cómo le declaran una guerra sorda y feroz al que ven como implacable demoledor de su gloria de oropel, conquistada en treinta años de escribir cartas, de mendigar elogios a los periódicos, de acumular citas y más citas, y de escribir prosas descarnadas y versos linfáticos, del más correcto tipo académico.

Gracias a Dios y a mis veintiséis inviernos, o si se quiere a mis veintiséis primaveras, aún no he ingresado en el respetable conventículo de las notabilidades *pour rire*, porque todavía tengo vigor en la pluma, poesía en el alma y fe en el porvenir. Cuando se llegue el día de desposarme con la "trémula vejez envuelta en frío", si acaso sospecho que mis facultades mentales han sufrido menoscabo, en vez de suicidarme como el otro, o de convertirme en notabilidad con reuma, como los otros, aguardaré, ni envidioso ni envidiado, en la áurea medianía del poeta, que venga la muerte y me lleve al seno de Abraham, si el viejo patriarca no tiene a mal dar asilo a semejante heterodoxo.

Pero estoy divagando como algunos *oradores* centroamericanos, que hablan de todo, menos del tema de su discurso, cuyo exordio es un modesto panegírico de sus personalidades liliputienses, en parangón, según insisten ellos, con las de Demóstenes, Cicerón y Castelar.

Entraré en materia. El señor Fletes Bolaños, creyendo que el humilde servidor de ustedes era el autor de una gacetilla algo ambigua sobre El Moro Muza, inserta en el Diario de Honduras, publicó un articulito defendiendo al escritor nicaragüense. Rectificó en seguida el diario aludido, diciendo que yo no tenía arte ni parte en el tal suelto; mas obligándome a que emitiera mi juicio sobre *El Moro Muza.*

Advertiré que yo no me considero, ni ganas, inquisidor de nuestra prensa, como dan a entender algunos; ni digo de lo que no me gusta por una u otra razón: anatema sea. No, nada de eso; yo doy simplemente mis opiniones, no dogmatizo enfáticamente.

El Moro Muza es de los pocos escritores satíricos o humorísticos, si cabe en el léxico la palabra, de Centroamérica. Además, es uno de aquéllos por cuyas venas corre la savia del árbol genealógico de los clásicos ¡Cuán lejos está su estilo del de los académicos! ¡Qué diferencia hay entre el que escribe mirando los espejuelos de don Francisco de Quevedo, y los cultores de esa literatura agresiva y aleve, donde retoñan los ponzoñosos cardos de Villegas!

Desgraciadamente, apenas conozco una veintena de artículos de El Moro Muza. Quisiera tener a la mano su producción entera, leer sus sátiras, deleitarme en sus sarcasmos, en sus chistes y sus jocosidades, tanto para formarme una idea completa del escritor, como para formarme una idea del temperamento del hombre, aunque me lo figuro triste y reflexivo. Un hombre así, según Taine, propende a la sátira por temperamento, y las costumbres se encargan de impulsarle más por esa pendiente. No se le permite —continúa el insigne crítico— contemplar las pasiones como potencias poéticas; se le manda que las aprecie como cualidades morales.

¿Ha escrito El Moro Muza sátiras contra las costumbres? Lo ignoro. Sé que ha empleado su gracejo contra los grafómanos en prosa o en verso, que son casi locos, o locos de remate, según Lombroso; que han sido sus víctimas esos escritorzuelos licenciosos y asalariados que —lo dice Macaulay, si no me trabuco— sólo tienen talento para revestir de formas vulgares bajos y livianos pensamientos; que su humorismo, casi siempre sano, aunque algunas veces injusto para decir la verdad, le ha acarreado no pocos odios y enemistades, lo que le sucede a casi todos los escritores satíricos, que por decir un chiste son capaces de perder un amigo, como le acontecía a Heine.

Es raro que entre nosotros se dé un verdadero satírico, dotado de un *humour* de buena ley, que no degenere en desplantes valbuenescos. El *humour,* patrimonio de los escritores de origen teutón o sajón, consiste, según apunta un crítico francés, en decir de una manera seria las cosas más cómicas, conservando la misma elevación de estilo y amplitud de frase que si se tratara el asunto seriamente.

El Moro Muza tiene *humour,* y usa y hasta abusa de él, según el estado de su temperamento, olvidándose de que la justicia es el aspecto útil de la belleza. (Proudhon). Hay verdades que no deben decirse, según aconsejaba Kant; así, hay burlas que no deben hacerse, porque sufren menoscabo la justicia y la verdad, y el escritor satírico hace reír a los unos a costa del dolor de los otros.

En lo que estoy de acuerdo con El Moro Muza, es en la cruda guerra que se les debe mover a los anarquistas del arte, que encharcan la prosa y deshonran la rima. ¡Cuántos grajos presumidos! ¡Cuántos pavos llenos de énfasis y de vanidad! Para cortarles las plumas no hay tijeras suficientemente afiladas, ni críticos de entrañas demasiado duras.

"Al despertar el alba —dice un poeta italiano— se han oído cantar a los ruiseñores, en concierto con el rebuznar de los asnos, versos amorosos".

Flagele sin piedad a los asnos El Moro Muza reduciéndolos a sepulcral silencio; mas deje que los ruiseñores canten con toda libertad, si trinan bien sus músicas no aprendidas.

JEREMÍAS CISNEROS

Una correspondencia de Santa Rosa de Copán, publicada en el Diario del Salvador, me dice la dolorosa noticia de la muerte de este notabilísimo escritor y pensador hondureño, casi desconocido en la América Central, aunque sus dotes de inteligencia óptimas y su labor poligráfica, hecha con un método y una constancia ejemplares, como que fue asiduo lector de Michelet, Taine y Macaulay, le daban ejecutorias para ocupar puesto prominente entre los macizos y cultivados hombres de letras de su patria.

Pero Cisneros, que era un *studiosus* sobrio y un melancólico desengañado de la virtud pública, vivía, de varios lustros para acá, completamente olvidado en Gracias, en la vieja ciudad colonial, que pudo ser, si la suerte que preside a los ciudadanos lo hubiera querido, una de las mejores urbes de la dominación española en el Nuevo Mundo. Hay en sus alrededores, bajo la vegetación crecida con los siglos, huellas de lo que fue en otra época: cimientos de vastos edificios, grandes bloques de piedra tallada, columnas y arcos de los templos erigidos por la piedad de los conquistadores, después del sometimiento de los indios, domados al fin a furor de espada, a pesar de la bravura de sus caciques. Los aborígenes fueron exterminados o aventados a sus salvajes serranías, y los blancos se apoderaron de sus tierras, fundando, con el secreto propósito de convertirla en una gran sede militar y civil, la población de Gracias. Mas el tiempo, en complicidad con la incuria de los gobernadores y una peste parecida a las milenarias, fue desmoronando lentamente la ciudad, hasta convertirla en el insignificante poblacho que hoy, sin patrimonio y sin comercio, entre huertas seculares, bajo un cielo de olvido y de soledad, duerme el sueño de los justos en el corazón de los Andes hondureños.

Allí, en aquel ambiente de bostezos, donde vagan los fantasmas de los conquistadores, lejos de la civilización, se deslizó, en una paz arcaica, la vida de este noble amigo que, pudiendo serlo todo, se contentó con hojear sus libros; con vender, con una paciencia acreedora a la dicha celeste, las mercaderías que importaba, trabajosamente, a través de las montañas; con visitar sus remotos hatos, leer los periódicos tegucigalpenses, escribir notables estudios de historia y de sociología y vivir en la contemplación de Dios y de la Naturaleza. Su misantrópica existencia fue la de un verdadero filósofo, huraño y sin hiel, recluido en el fondo de una Arcadia de pinos y de robles, que sólo se conmovía cuando alguna revolución, perturbando la paz primitiva de la rústica comarca, iba a exigir empréstitos, a lazar mulas y a hacer degollinas de vacas. Cisneros entonces se escurría a los montes, refugiándose en cualquiera de sus lejanas haciendas, regresando a Gracias, a continuar su vida monótona, al disiparse la tempestad.

Durante varios años sostuve con él una incesante correspondencia sobre asuntos de letras. En junio de éste recibí su última carta, de la que extracto el siguiente párrafo: "Aunque sigo muy enfermo, como le manifesté en mis anteriores, gustoso enviaré a su revista alguna cosa mía. Prosa, se entiende, porque mis versos me parecen malos, aunque usted no me lo hubiera dado a entender. La lira debe ser como la suya, o nada. Me dicen que tiene el propósito de irse de ésa, de salir de Centroamérica. Me gusta mucho; pero mejor hubiera seguido mi consejo de quedarse en la América del Sur, o en España, como se lo indiqué hace dos años, cuando su misión diplomática, porque ahora no se vería en la necesidad de emprender un nuevo viaje, tan costoso y tan difícil. Considero cuán desengañado está usted, desde hace tiempo con las miserias y pequeñeces del terruño que le tocó por patria, mereciendo otra mejor; mas no se amilane, y sobre todo, no la quiera mal, que así, chiquita y miserable, patria suya es, y aquí nació y creció para la vida y el arte. ¿Qué hay de su poema sobre la civilización copaneca?

¿Se quedará en un admirable proyecto? No pierda el tiempo, y, aunque sea lejos, puede hacer algo hermoso y grande, que perdure. El tema es magnífico. Los datos que me pidió se los enviaré, si Dios me da salud, aunque no lo creo. Mándeme su último retrato, para ver cómo está ahora, porque en los fotograbados suyos que conozco, se mira muy mozo, casi niño y ya ha corrido años y sufrido mil sinsabores, para que no se haya alterado la amable fisonomía con que vive en mi memoria. Lo que es su persona de carne y hueso no la veré nunca, según se aleja usted de mí y créame sinceramente que lo deploro".

Jeremías Cisneros, a pesar de su oro mental de buena ley, permanecía casi en la obscuridad, olvidado en su silencioso rincón de Gracias. El nombre de aquel eremita, que era un pozo de saber, enemigo de reclamos y de bombos, apenas si había traspasado los lindes parroquiales, cuando se verificó el renacimiento literario de Honduras. Hace diez años que José Antonio Domínguez, que hoy yace en el obscuro y herboso camposanto de Juticalpa; Froilán Turcios, que empezaba su brillante labor, y yo, que llegué a Guatemala, "ciego de luz y loco de armonía", pusimos su nombre de moda, manifestando el valor de aquel lejano y austero meditativo, cuya sobriedad de estilo contrastaba con la prosa difusa y sentimental de Ramón Rosa, con el verbo ruidoso de Adolfo Zúñiga y los períodos vibrantes e incorrectos de Álvaro Contreras.

Si éstos parecen valer más que él, al sentir de la crítica locales porque hicieron vida pública, es porque se desarrollaron en un medio mejor. Rosa fue ministro omnipotente, atacado de una egolatría sin límites, que, con todos sus lirismos lamartinianos, no tuvo escrúpulos, entre las muchas atrocidades que cometió, de hacer apalear a una infeliz vieja, causándole la muerte; Zúñiga, más vanidoso que un pavo, vivió adorándose, arrullándose y contemplándose, sin embargo de que, en un certamen de belleza, no se hubiera sacado el primer premio; y Contreras, que fue una especie de Héctor Varela centroamericano, y cuyos nervios hiperestésicos eran para él la túnica de Nesso, se creía sinceramente el primer orador de la tierra. Los tres tuvieron el talento de cultivar con esmero su renombre, y así, ayudados por su posición social u oficial, se impusieron a la admiración de los demás. Cuando una crítica justiciera depure su obra, se verá que, aun con todos sus méritos, valen menos de lo que se cree.

Jeremías Cisneros, solo y taciturno, sin periódicos que loaran su producción ni amigos interesados que le aplaudieran, deja páginas hermosísimas, de un estilo vigoroso y de una gran serenidad de pensamiento que le hacen acreedor a que se le tome en cuenta cuando se escriba la historia de la literatura hondureña. Al pie de los montes patrios, junto al rumoroso Arcagual, del río que amó y que cantó, en cuyas ondas aplacara su sed el fiero Lempira, descansa hoy aquel hombre de privilegiada inteligencia, cuya vida se deslizó tranqui- lamente, sin ruido, como la del sabio de la oda de Fray Luis de León.

1908.

¿POR QUÉ SE MATÓ DOMÍNGUEZ?

Diversos factores, casi todos psicológicos, contribuyeron al trágico fin de este noble y distinguido hondureño, para quien sus amigos, aunque tardíamente, empiezan a tejer una corona.

El medio circundante.—En un ambiente como el nuestro, de sorda agresión o de indiferencia, el intelectual de veras tiene dos escapatorias para librarse de la muerte por asfixia: o se aísla soberbiamente en su cima, envuelto en su nube, de tal modo que no se digne ver a los genios municipales, acaparadores de gloria barata y al por menor: o les degüella —como si fuesen carneros de un holocausto propiciatorio al arte— sobre su altar de ripios, pacientemente acumulados. Domínguez era demasiado humilde para tomar las actitudes de un Dios, y profundamente altruista para hacerle mal al prójimo, aunque éste fuera un abominable letrado, que es, más que el robo o asesinato con alevosía, el peor delito que puede cometer un hombre. Tuvo las alas del gran pájaro de rapiña, mas no el pico ni las garras. Ni el grito, ni tampoco el ímpetu... Grave debilidad en un país de caracteres duros, en donde no existe más que una piedad relativa, y donde el mérito, en lo general, se mide por el buen éxito logrado.

Carencia de horizontes definidos.— Cuando el hombre llega a la solemne edad de los treinta años, está en el deber de orientarse definitivamente, consultando el oráculo de su corazón. Es el momento en que los sueños y las ambiciones de la primera juventud adquieran formas plásticas y verdaderas. El amor, la política, la gloria literaria, el acaparamiento de riquezas, son motivos para vivir intensamente, tal como Roosevelt lo aconseja y ejercita. Vivir por algo y para algo: para las ciencias y las letras, para el amor de una mujer, para los negocios de Estado, para atesorar: pero tener un interés en cualquier cosa, un anhelo con rumbo fijo. Domínguez llegó, en sus últimos tiempos, a una indiferencia absoluta por las cosas ambientes, a una especie de kief contemplativo. Síntoma funesto y mortal, primer acto de la tragedia que terminó con su negra y aciaga muerte. Recuerdo haberle oído recitar esta poesía de Peter Altenberg, saturada de espíritu decadente, glorificación de la impotencia, que esconde una paradoja contra la vida y que resume el estado agónico de su ser moral, en aquellos tristes días en que la sombra empezaba a envolverle:

> Perdono al hombre todo,
> menos la lucha estéril! En silencio
> cubre tu faz ¡oh César de la vida!
> cuando ese Bruto pálido —la Suerte—
> ágil, feroz, certero,
> entre tu corazón hunda el acero.
> Quedad, esfuerzos vanos,
> para la hembra, esclava de la vida,
> que si rompe la tabla carcomida
> y se despeña en negro paroxismo,
> crispa sus manos débiles
> como para agarrarse del abismo.

Asimilación mental deletérea.—Las lecturas malsanas y disolventes de que nos hemos impregnado todos los jóvenes cerebrales de la América Latina, contribuyeron poderosamente a su desnivelación moral. Recuérdese el caso idéntico de José Asunción Silva, poeta de un sentimentalismo morboso, extraviado en una filosofía dolorosa y sensual, que le condujo lógicamente a la liberación voluntaria. Tales lecturas deben tomarse como simples deportes, no como guías mentales, porque llevan a la deserción de la lucha por la vida, al aniquilamiento del yo, al nirvana total. Todos nosotros —los que vivimos cerebralmente— hemos sentido, aunque sólo sea por un breve lapso, lo que expresa un alejandrino mío:

horror por la natura y espanto por la vida.

Mas, a pesar de eso, pocos hemos hecho, como nuestro lamentable amigo, un código moral del pesimismo.

Ideales políticos y religiosos.—Domínguez fue un poeta esencialmente idealista, en un tiempo en que la poesía, por su roce más íntimo con la ciencia, tiende a ser profundamente real, sin que por eso pierda su color o sensibilidad. Tuvo un horizonte poético vago e indefinido, sin relieves visibles. Como que fue —no me cabe duda— un poeta de transición, de escorzo, de tipo intermedio... Quizás su desdén, característico en él, de la gloria intelectual y especialmente local fue causa de que no mostrase todas las riquezas que escondía su alma, cerrada como la cueva aquella de Las mil y una noches, ante la cual no hubo una mujer que pronunciase el mágico *¡Sésamo: ábrete!*

Creo que Domínguez fue cristiano hasta la médula de los huesos, es decir, hombre manso de espíritu, de un estoicismo sentimental, sin agresiones ni protestas. Recuerdo que en un momento de intimidad me refirió cómo, obligado una vez a disparar su rifle en la revolución de 1894, lo hizo mirando a otra parte para no apuntar a nadie. Este caso, que es casi el mismo de un personaje de *El mal del siglo,* de Nordau, muestra el gran fondo de altruismo de aquel corazón magnánimo, enemigo en una época de fuerza y exterminio, de la fuerza y del exterminio. Tal hombre, con semejantes ideas es una especie de paloma entre aves de presa, y desde luego está condenado a perecer tarde o temprano, víctima de los demás o de él mismo. En este bajo mundo, de perpetuas luchas y feroces instintos, o se es verdugo o se es víctima. O mata uno, o le matan. Darwin se encarga del resto de la explicación.

En estas líneas sólo trato de las causas que, en mi sentir, aniquilaron aquella noble y brillante inteligencia, impeliéndole al suicidio. Otra vez, con más calma, analizaré su producción intelectual.

PALABRAS ANTE LA TUMBA DE MANUEL MOLINA VIJIL

El hombre querido de los dioses muere pronto, ¡oh Parménon! decía Menandro, celebrando la muerte precoz y dándole la alegría de una partida a un bello país, a los Campos Elíseos, poblados de rientes sombras, de fantasmas amables.

Manuel Molina Vijil era un amado de los dioses. Por eso se fue tan pronto de aquí; por eso nos abandonó para siempre jamás; por eso, en una mañana azul, en tanto que los pájaros saludaban al sol, en tanto que las fuentes se desataban en espuma, en tanto que la naturaleza cantaba un gran epitalamio, él, sentado en el tálamo nupcial, en el tálamo de sus dulces y fugaces amores, alumbrado aún por los últimos reflejos de las antorchas de Himeneo, echó mano al revólver, después de recibir el último beso de la mujer amada y se mató, se mató taladrándose las sienes, despedazándose el cerebro y cayendo graciosamente sobre el lecho, como caen los jóvenes combatientes de la Ilíada. Homero lo hubiera comparado a una flor o a una espiga segada.

Humboldt decía de Lamartine, el gran cisne blanco, que era un cometa cuya órbita no se había medido aún. Eso mismo, girando en nuestro círculo intelectual, pudiéramos decir de nuestro poeta... Apareció en nuestro obscuro cielo literario, lo vimos brillar un momento, y luego, de súbito, cuando menos se esperaba, cuando empezaba a recorrer su camino, cuando todos creíamos que brillaría por mucho tiempo en el horizonte, se hundió en las pavorosas tinieblas de la muerte, cayó en el abismo de lo incognoscible, dejando en el espacio un rastro de sangre y la atmósfera social poblada de tristes recuerdos y de presentimientos lúgubres. ¡Qué vida tan corta y qué fin tan trágico!

Bueno es el mundo, bueno, bueno, bueno, escribía irónicamente Espronceda al principio de su doloroso canto a Teresa.

Sí; bueno es el mundo, mientras el destino saltando del florido bosque de la existencia, como los tigres del jardín de Armida, no nos ha arrancado a mordiscos el corazón del pecho; bueno es el mundo, mientras no hemos echado de ver que la serpiente está enroscada al árbol paradisíaco, al árbol de la vida, al árbol del amor; bueno es el mundo, mientras nos gustan las estrellas, los pájaros y las flores; bueno es el mundo mientras el amor inunda de torrentes de luz nuestro pensamiento, de torrentes de bondad nuestro corazón, de torrentes de besos nuestros labios; bueno es el mundo, mientras no hemos respirado los negros éteres del pesimismo, ni nos hemos aislado en el yermo de la vida, ni nos hemos creído sonámbulos del sueño del destino; bueno es el mundo, mientras no hemos visto a Job en el estercolero, ni hemos comprendido a Lucrecio, ni hemos meditado en los versos de Leopardi, ni hemos leído a Schopenhauer; bueno es el mundo, bueno, bueno, bueno, mientras no nos ha sucedido todo esto.

¡Ah! Molina Vijil lo creyó así. Vióse joven, vióse bello, vióse amado, y cantó como cantan los pájaros libres de los bosques.

Cantó las opulentas cabelleras de ébano de las mujeres hermosas; cantó las frentes más puras y más blancas que el plumaje de un cisne intacto; cantó los ojos que se abren y se cierran como las alas de terciopelo de las mariposas nocturnas; cantó las mejillas más sonrosadas que las carnaciones seráficas; cantó las bocas rojas y frescas, como el interior de los caracoles marinos; cantó las gargantas finas y aristocráticas, más graciosas que el muslo de Venus; cantó los hombros de rosa que se estremecen a las suaves caricias de la luz; cantó los senos tibios y voluptuosos, que pueden ser regazo de un dios enfermo; cantó la felicidad del cariño, la virtud, y se desvaneció en un ambiente de aplausos, de enervantes perfumes, de simpatías femeniles. Por algún tiempo fue el ungido de los salones, el ídolo de las bellas, el niño mimado de la sociedad.

Después, cuando el destino lo arrojó en los brazos de una

fiel y dulce esposa; cuando coronado de mirtos se sentaba al banquete de la vida; cuando deshojaba las primeras rosas en el ánfora llena del vino de bodas, la Muerte, celosa de él, enamorada de él, se acercó de puntillas y le dijo al oído: ¡Ven! Es muy temprano todavía, contestó con dulzura el poeta. Ven; mañana será tarde y te puede sorprender la noche de la vejez en la jornada: vámonos, amor mío; y empujándolo dulcemente, ganaron los dos la puerta de la alcoba nupcial, y se perdieron a lo lejos, entre las brumas del no ser, por el camino interminable del infinito.

Oh, poeta, oh dulce poeta, oh pálido hermano del infeliz Acuña: hiciste bien en irte en una tibia mañana de sol, porque si te quedas un momento más, tal vez hubieras visto que la Muerte, tu taciturna querida, te era infiel con otros de mis amigos, a quienes he visto dormidos en sus brazos.

Hiciste bien en marcharte a su palacio de mármol negro, donde hay un jardín de eternos cipreses y a donde jamás llega el murmullo de la vida. Vive allí feliz, en tanto que nosotros, sentados al festín de la vida, en el templo del Arte, vemos con tristeza que tu asiento está vacío y que la copa de vino, apenas desflorada por tus labios fríos, permanece llena hasta los bordes.

Vive allí feliz. Que la paz eterna sea contigo; que el buen Dios te mire siempre con bondadosos ojos; que tu alma, escapada de la cárcel de barro de tu cuerpo, goce de la divina calma, vuele en los círculos de la luz angélica, sea una purísima gota del océano del alma universal.

Un día, tarde o temprano, te iremos a buscar nosotros.

Entonces, en un lenguaje desconocido para los mortales, volando con invisibles alas en una atmósfera de oro, hablaremos de la Tierra, de este mundo opaco, de este planeta execrable, que girará a muchos miles de millones de leguas de nosotros, si acaso la voluntad del Señor no ha suprimido ese átomo de las constelaciones de los abismos.

¡Y hasta mañana!

HONDURAS LITERARIA

He recibido el primer tomo, a la rústica, de la obra Honduras Literaria, nítidamente impreso en la Tipografía nacional de Tegucigalpa, volumen que ha podido llevar a buen término, en fuerza de constancia, dedicación y trabajo, el licenciado don Rómulo E. Durón, joven distinguido que así sabe escribir inspirados versos, como cortarlas en el aire en eso del hablar pulido.

Ya se hacía sentir la necesidad de ver reunida la producción de los prosistas y poetas hondureños, necesidad que venía acrecentándose lentamente, porque nosotros, los jóvenes de la actual generación, aficionados a mover la pluma y a tomar el libro, queríamos estudiar y conocer lo escrito y lo pensado en nuestra tierra, desde el año de la emancipación política de España, hasta los tiempos que corren.

Los disturbios de partidos y las frecuentes luchas civiles, han sido una verdadera rémora para nuestro progreso intelectual, de tal modo, que el pueblo hondureño, que posee un admirable sentido común y una clara inteligencia, se ha ido quedando en rezago en eso del cultivo de las ciencias y de las letras. Que mucho que con tantos obstáculos y miserias tengamos hombres que como Dionisio Herrera y Céleo Arias, estén resplandeciendo por sus virtudes cívicas desde ese olvidado rincón del mundo; estadistas y sabios que, como José Cecilio del Valle, salvando el solar nativo, vayan a causar admiración a un Bentham; oradores que como Álvaro Contreras, ese eterno perseguido, vaguen de playa en playa y de pueblo en pueblo, haciendo escuchar su verbo rebelde; escritores que, como Ramón Rosa, manejen el habla de Castilla hasta el extremo de que su estilo semeje uno como repiqueteo de campanillas de oro o ruido de chorros de perlas cayendo en ánfora de cristal.

Los que no saben avaluar el trabajo de la inteligencia, ni comprender los méritos de un hombre que se dedica, como don

Rómulo E. Durón, buscando aquí, leyendo más allá, a reunir la prosa y los versos que se han escrito en su patria, tendrán poco, tal vez ningún aprecio, por el trabajo del escritor y poeta hondureño, pero los que, como nosotros, conocen los obstáculos que encuentra el que le mete el hombro a empresa de tal magnitud, tienen que aplaudir a dos manos los esfuerzos que ha hecho por el adelanto de Honduras. Aunque desde lejos, vayan nuestras felicitaciones al amigo Durón, felicitaciones que bien se merece quien pone su talento y su patriotismo al servicio de una causa tan noble como la de ayudar, salvando del olvido tantos escritos, al engrandecimiento intelectual y científico de su pueblo.

Las biografías de los que figuran en la obra son cortas las más; cortas, pero bien escritas, y con todos los datos necesarios. A treinta y tres asciende el número de las que inserta el señor Durón en su primer libro, sin hacer juicio crítico de su producción, trabajo que deja al cuidado y a la inteligencia del público.

Ahí están, entre los escritores del pasado, Cecilio del Valle, León Alvarado, Álvaro Contreras, Adolfo Zúñiga, Ramón Rosa, Liberato Moncada, el Padre y Ramón Reyes, con algunos otros de mérito más reducido; y de los actuales, inserta al doctor don Policarpo Bonilla, José Antonio López, Marco Aurelio Soto, Carlos Alberto Uclés, Alberto Membreño, Jeremías Cisneros, Ángel Ugarte, Constantino Fiallos y Trinidad Ferrari.

¿Qué diremos en elogio de algunos de los primeros, que no se haya dicho y repetido en toda clase de publicaciones de la América Central? ¿Pues de los segundos? Don Policarpo es escritor político de gran fuerza, que hoy rige el Estado con el freno de oro de las leyes: seguro está el jefe supremo de Honduras de ir a confundirse, cuando entregue el Poder a otro, con los hombres que más han brillado en el país por su patriotismo y saber. José Antonio López escribe fácil y castizamente, con ribetes de ironía; Marco Aurelio Soto es un viejo zorro político, cuya prosa es la revelación de su carácter:

reposada, metódica y fuerte; Carlos Alberto Uclés tiene un indiscutible talento, lástima que escriba cada vez que se aparece un cometa; en abono de Alberto Membreño, como buen jurisconsulto y conocedor a fondo del idioma, están hablando los *Elementos de Práctica Forense* y los *Hondureñismos;* y Jeremías Cisneros, Ángel Ugarte, Constantino Fiallos y Trinidad Ferrari, todos son hombres que escriben con corrección y soltura y que están adornados con muchos conocimientos en las ciencias y en las letras.

La nueva generación que se levanta, llena de entusiasmo y de vigor, vaciando sus creaciones en eternos moldes del Arte, aunque inspirándose en el espíritu ecléctico de este siglo portentoso, sabrá poner los sólidos cimientos sobre los cuales se eleve, más tarde, el edificio de otra era literaria en Honduras.

No hay que dejar cubrir de polvo los libros del venerable clasicismo español; esto sería una injusticia de parte nuestra y cosa muy ocasionada para salir asombrando a los buenos hablistas con monsergas atroces y revoltillos indescifrables. Estilos como el de Cervantes y como el de Fray Luis de León, no son para ser vistos con indiferencia o desprecio de parte de los jóvenes, sino antes bien con el respeto que se merece todo lo que está canonizado por el buen gusto y tiene un baño de gloria y de inmortalidad. Vengan todos los clásicos, vengan los ilustres: tú, Garcilaso de la Vega; tú, Fernando de Herrera; tú, Santa Teresa de Jesús; tú, Fray Luis de Granada; tú, Francisco de Quevedo; mas, sed servidos de perdonarnos, si gustáis, amados maestros, que después de leeros y admiraros, echemos una mirada sobre esos librejos modernos y esas obritas de fin de siglo que por extremo nos llaman la atención.

Guatemala, 1897.

213

JUAN CORONEL

Trato de uno de esos casos lamentables, dolorosamente tristes, que nos llenan el alma de los más negros pesimismos y las más amargas filosofías. Porque es uno de tantos ejemplos de cuán vanos son los esfuerzos para ganar la cima, y de cómo la suerte —esa sirena tentadora y engañadora— nos atrae al escollo con sus dulces voces, para que seamos más fácil presa de los vórtices del mar de la vida.

Es el caso de Juan Coronel, que acaba de morir en una casa de orates de Santiago de Chile. Este joven que era un luchador tenaz y convencido, salió de su patria por cosas políticas, a probar fortuna en los países hispanoamericanos, donde, para la simiente intelectual, el terreno es ingrato y duro, y, si acaso produce sus trigos, la cizaña, a pesar de los esfuerzos del segador, brota con una abundancia sin límites.

Coronel era un humilde cajista, que en punto a figura personal en nada se parecía a Ganimedes o Antinoo. De complexión endeble, de color fuertemente atezado, casi contrahecho, de rasgos fisonómicos que le aproximaban al simio, el pobre colombiano, nunca hubiera sido comensal del banquete del amor, para lo que se necesita tener una bella figura, que atraiga los ojos y los deseos de las mujeres hermosas.

Pero él, al salir del terruño, no aspiraba a convertirse en un aventurero de moda, en uno de tantos don Juanes, o Casanovas, terror de las ruletas de los grandes casinos y domador de los orgullos de las damas de alto bordo. No; el pobre cajista aspiraba a otra cosa: quería luchar por la vida, recorrer países, ilustrarse, darle al cuerpo el ideal que alimentaba su cerebro.

Y salió de Colombia, con su morral al hombro, en la más completa desnudez, quizá llevando en su bolsillo, por todo capital, las dos pesetas que Espronceda arrojó en la rada de Lisboa.

Luchó y bregó en las Antillas, en Nicaragua, en Guatemala,

en El Salvador, en todas partes a donde le aventara la ola de su destino. Y mientras trabajaba como cajista, en un trabajo mecánico y monótono, leía y releía, se asimilaba estilos, se ilustraba con un tesón sin igual, hasta que, de repente, apareció el escritor de cuerpo entero, el publicista de vasta cultura, perito en asuntos sociales, políticos y económicos. Transformado ya, el colombiano, confiándose en su saber y su ilustración, emprendió su éxodo a Chile. Y fue en este país de marinos e industriales donde la fortuna   —tan esquiva con él— le abrió los brazos, empezando a mimarle. El joven peregrino de letras encontró allá protección y amigos; un gran diario le abrió sus columnas y las sociedades literarias le recibieron con aplausos en su seno. El porvenir, pues, se le presentaba riente, y las hambres y desnudeces, pasadas en países ingratos y analfabetas, quedaban como una alegre leyenda de su vida. Hasta se le vio, en la cima ya de la comodidad y del renombre, hacer un viaje a Estados Unidos, sin duda con el propósito de informarse de cerca de los recursos y resortes de la prensa norteamericana, tenida hoy como la primera del mundo.

Mas he aquí que cuando comenzaba a paladear la miel de la vida, y a olvidar angustias y pesares pretéritos, el destino le tiende su arco negro, la locura bate sobre él sus alas de ave nictálope, y el manicomio le abre una de sus celdas, donde él, que era un demócrata convencido y casi un socialista radical, se pasaba gritando, en sus espasmos epilépticos, que era Papa y que era Rey.

¡Ah! Todo esto es para afligir al más indiferente y para llenar el espíritu de las más tristes y amargas reflexiones. ¡Luchar como bueno durante tantos años: hacer una labor digna y hermosa; conseguir, en fuerza de honradez y de tesón, salvarse del naufragio social, y luego la caída rápida, la locura furiosa, la más negra e injusta de las muertes! ¿Qué decís de esto, los filósofos de guardarropía? ¿Qué conclusión sacáis de semejante desgracia? ¿Habrá o no una especie de destino hostil y brutalmente cruel, que, con su paso de paquidermo, sin darse cuenta de su obra, va aplastando las más bellas flores de la inteligencia y del carácter? De mi sé decir que estas cosas me desconsuelan profundamente y que, cuando escucho el hipo agónico de un compañero que cae, sin haber dado motivo para ser víctima, quizá habiendo sido todo lo bueno que se puede ser en este bajo mundo, dudo de que esté bien gobernada la naturaleza terrestre, y pienso que los hombres estamos sujetos a fatalismos implacables, a fuerzas hostiles y desconocidas, que de preferencia se ensañan en los seres más angélicos y elevados.

Duerma el pobre ilustre demente el sueño del cual no se despertará nunca, y no le deseo, después de su triste y lamentable fin, un rincón en el cielo ilusorio de los taumaturgos, porque me parecería cerrar con una blasfemia este artículo que casi he escrito con lágrimas.

LA RECOMPENSA DE TOLSTOI

Celebrábase hace poco el jubileo literario del famoso propagandista León Tolstoi, cuando he aquí que unos campesinos medio salvajes —verdaderos beduinos marroquíes trasplantados al suelo ruso— en recompensa de que les viene predicando un evangelio de moralidad y fraternidad, para sacarles de la grosera ignorancia en que vegetan, fueron a disparar varias veces sus armas de fuego sobre los balcones de la casa que posee Tolstoi en Yasnaïa Poliana, con el siniestro propósito de poner fin a los días del anciano apóstol que, en su generosa demencia de mejorar la condición moral y material de aquellos cuadrúpedos, se ha confundido con las clases humildes, viviendo, vistiendo y comiendo como ellas.

El escritor —probablemente contra su sentir— tuvo que auxiliarse de la policía rural, para que aquella chusma no le bañase de una granizada de perdigones. De seguro que las clavas de los polizontes fueran más elocuentes que todas las exhortaciones pacíficas de Tolstoi, que no hubieran encontrado eco en sus cráneos estúpidos, no muy diferentes al de los trogloditas.

Si un momento reflexionan los asaltantes en que el agredido les esperaba con un winchester o un fusil Lebel, para fulminarles, detrás de una ventana, una veintena de tiros certeros, de seguro que no tienen la osadía de cometer el atentado, que les pone a la altura moral de los brutos, o, cuando más, de los negros hotentotes.

Lo que se quedó meditando Tolstoi después del suceso, no debe ser muy amable ni consolador, ni para los hombres en general, ni para su país. Porque recibir tal dádiva, después de luengos años de hacer el bien, de envejecerse y agotarse trabajando por la concordia de la humanidad, de producir libros y más libros, desbordantes en nobles ideas, fecundos en sanas doctrinas, es para dejar triste hasta la muerte, al más optimista, dando a los demonios todos los altruismos habidos y por haber.

Pero Tolstoi, que es la encarnación de la calma y que cree de veras —con una buena fe inquebrantable— que se pueden extirpar, con prédicas cristianas, todos los malos instintos del hombre, que todavía tiene adentro a la bestia bimana de las cavernas cuaternarias, seguirá tranquilamente la siembra de sus parábolas, haciendo de Cristo eslavo, dando la carne y el vino de su alma a las muchedumbres inconscientes, a los campesinos idiotas, desde su sede apostólica de Yasnaïa Poliana, exponiéndose a que, en la primera ocasión, vuelvan aquéllos a hacer, con sus escopetas herrumbrosas, ensayos de puntería sobre sus ventanas, si acaso no se les ocurre despacharle, disparándole detrás de una empalizada o de un matorral.

Porque todos los Cristos acaban mal, ya sea en la Judea de Poncio Pilatos o en la Rusia de Nicolás II, y el viejo Tolstoi, que hace bien su papel de redentor, aunque su evangelio sea anacrónico y algo cursi en los días modernos, puede que no se escape a ese lúgubre pronóstico. ¡Si Federico Nietzsche viviera, cómo se reiría, con su maligno gozo, de la aventura de Tolstoi!

NIETZSCHE

Acaba de morir en la más lamentable locura, en Weimar, en la ciudad donde Goethe hizo su nido de águila y Fichte construyó la fábrica de su filosofía, Federico Nietzsche, uno de los ingenios más originales del siglo.

Era este fiesto alemán, que empezaba a ser conocido en Hispanoamérica, un cerebro esencialmente solitario, como dijo Baudelaire del poeta Poe, uno de esos reflexivos y pensadores únicos, abstraído en las soledades contemplativas de la conciencia. Por eso, durante toda su vida, le rodeó una hostil impopularidad, una de esas impopularidades de que tan amargamente se queja Emilio Zola.

Si en vida le calumniaron sus enemigos a cual más y mejor, su muerte no ha glorificado su genio, antes bien, como les ha sucedido a todos los talentos magnos, se le sigue combatiendo con encarnizamiento, según leo en periódicos y revistas.

Llueven desde hace años, y siguen lloviendo, diatribas e invenciones ridículas sobre el insigne estilista alemán que acaba de cerrar los ojos para siempre. Max Nordau le metió, sin escrúpulos de conciencia, en el manicomio de la Degeneración. Después de él, otros han completado la tarea de desacreditarle. Unos le han atacado con ira por haber desertado de la bandera cristiana; otros le han calificado como rabioso anarquista o como furioso nihilista; otros le creían lleno de un orgullo satánico, que le llevaba a considerarse como una especie de Anticristo; quiénes le dan un egoísmo delirante, una intransigencia absoluta, una violencia rencorosa. Revistero español ha habido que diga que es un pobre diablo, un megalómano insoportable, que se ríe como Mefistófeles, aquejado de delirio de grandeza o de manía de odio contra los hombres y la naturaleza y la sociedad actuales. Alguien pone su fatuidad muy por encima de la de Barbey y dice que su satanismo es más negro que el del autor de *Flores del mal* y *Los paraísos artificiales*.

Algunos, que han reconocido su extraordinario talento y su poderoso estilo, no dejan de zaherirlo, reprochándole la dureza de sus aforismos y paradojas, y lo absurdo de sus frases extrañas y violentas, que tienen "la hermosura de lo perverso y de lo ilógico".

Todas estas ideas han contribuido a propagarlas algunos escritores franceses, ligeros y superficiales, amigos de narrar, sobre todo cuando se trata de alemanes, fábulas y chistes en tono *boulevardier*. Uno de ellos ha estampado que la impresión que le produjo Nietzsche cuando le conoció, fue la de un personaje extraño, de "un gato de azotea".

Lo que hay de cierto es que el escritor alemán, ensimismado en sus ideas, aislándose en su torreón, ha sido una víctima de su propio genio, un proscripto voluntario del tiempo en que le ha tocado figurar. No era su época a propósito para recibir sus ideas, profundas, sencillas y pasmosamente originales. Hecho el vacío en torno de él, Nietzsche parece que hubiera tomado por mote la sorprendente frase Ibseniana: "el hombre más fuerte es el que vive más solo", máxima que también cultivaba el sombrío Schopenhauer. Ese aislamiento contribuyó a hacer más originales sus audaces tesis, porque el medio exterior, como las ideas de los libros y de los amigos, no influyó casi nada para dirigirlo por las extrañas rutas que tomó su pensamiento, que ha explorado los más raros jardines de la estética, los más recónditos bosques de la filosofía. A la postre,
pocos días antes de morir, la melancolía de Nietzsche se había acentuado; sus penas intelectuales, complicadas con una parálisis, consecuencia de la caída de un caballo, habían degenerado en una profunda psicosis. Probablemente, al ver su ruina fisiológica, el raro intelectual alemán se entregó al culto del dolor, culto que es una especie de enfermedad mística de los cerebros anémicos. (Mantegazza.)

A los que no acaban de sacar a relucir sus extravagancias, hay que preguntarles: ¿Qué hombre de genio no ha sido desequilibrado? Rousseau, Leopardi, Poe, Byron, Balzac, Swift,

Flaubert, para no citar más que unos pocos lo han sido. Aunque Dellemagne dice que el genio es el equilibrio por excelencia, y ahí está el autor de Fausto en su apoyo, como ejemplo, es lo cierto que todos los hombres sobresalientes por su inteligencia, o son neurasténicos o son hipermaníacos. La sensibilidad exagerada para el dolor, la irascibilidad, la misantropía, la incertidumbre, la manía de las persecuciones, acompañan, lo mismo que a los locos, a los grandes talentos, según han probado distinguidos alienistas, Lombroso el primero. Pero hay algo que distingue al genio del demente: el sentido crítico (Richet); y si esto es cierto, Nietzsche resulta genio, porque el edificio de su arte es una reunión de ideas armoniosamente dispuestas y elegidas

No tiene nada de común con los metafísicos alemanes, aunque algunos le juzgan como el más obscuro de ellos. Al revés de los pensadores de su país, es clarísimo, sencillamente claro; mas hay que leer hondamente para descubrir el diamante engarzado en su prosa fría y metódica. De otro modo se corre el peligro de no entenderlo nunca. Nuestra imaginación, acostumbrada a una literatura de frases sonoras y de metáforas vivas, no encaja, por decirlo así, en el sólido molde de la idea de Nietzsche. A veces se creería que ha pensado fuera de nuestra civilización, en otra más ingenua y sobria, calentada por un sol más joven; que sus teorías sobre la Belleza son concebidas para recrear el claro pensamiento de un ateniense.

Su estilo no tiene secretos ni golpes de efecto. Dice cosas profundas con frases que no tienen ninguna novedad. Eso es lo que engaña a sus comentadores y críticos. Ven abstracciones metafísicas, frases laberínticas, indescifrables enigmas, donde no hay más que sorprendentes ideas, expresadas en un lenguaje limpio de impurezas como debía manejarlo quien, como él, era considerado como un prosista de la talla de Goethe y de Hegel. Lo que Vogüé ha dicho del alma de M. Taine puede decirse de la de Federico Nietzsche: que era un alma de niño, cándida y sincera, más parecida a la de un buen clásico francés del siglo

XVIII o la ingenua de un filósofo griego del siglo de Pericles.

Como vivió profundamente solitario, su espíritu se replegó sobre sí mismo, y sólo tuvo una conciencia. De ahí su fortaleza. Su pensamiento, desde que se inició su producción literaria hasta que entró en decadencia, ha formado una sola cadena, donde cada eslabón es igual a los demás, cadena que rompió la locura entre sus manos crueles. Porque Nietzsche, desgraciadamente, como dije al principio, acaba de morir loco. Sí, su cerebro luminoso y potente, de maravillosa intuición plástica, lleno de astros como un cielo, se pobló de las más negras sombras de la demencia, tal como les sucedió a Augusto Comte y a Maupassant.

Mas su fin no amengua en nada su gloria, que tiene que crecer con el tiempo, porque ha sido el iniciador de un movimiento general del pensamiento humano, ampliando y poniendo a su servicio la fórmula de Kant, según escribió alguien en el Mercurio de Francia. Así como Ricardo Wagner, el portentoso sinfonista del Tannhauser, causó una revolución artística con su música llamada filosófica o del porvenir, el autor de Más allá del bien y del mal y de Zarathustra, puede causar una revolución de ideas en los espíritus del siglo veinte.

Paz eterna a los huesos del olímpico pensador, que tiene que ser considerado en lo futuro, cuando se mida la magnitud de su Arte, como uno de esos intelectuales extraordinarios que vienen a trazar un nuevo signo en el zodíaco del pensamiento humano.

LA JIRA DE JULIO FLÓREZ

Plácennos las palmas que ha conquistado este poeta colombiano en la América Central, Cuba y México, no porque él sea un portalira de nuestro gusto y admiración, que no confunden los juegos de artificio con la luz del sol, sino porque se ha honrado en él a un hombre de letras, a un tejedor de sueños, a un jinete de Pegasos, aunque el suyo paste en bosques poco salubres y se abreve en aguas impotables.

Porque Flórez es solamente un poeta intuitivo, de versos efectistas, con escasa cultura mental, que desconoce el sabio mecanismo de la lírica contemporánea, según puede observar cualquier espíritu medianamente perspicuo, que no se ofusque con sonoridades rimadas con desenfado, sino que pida al versificador, para que le cautive, todos los secretos sumos de su alma, en ritmos nuevos y complicados, que tengan la ligereza, el brillo y la sonoridad de los cristales bohemios.

De otra suerte, el poeta gozará la ovación de una claque más o menos entusiasta, atraída por la curiosidad y tal vez empujada discretamente por sus amigos; pero se expone al secreto desdén de la aristocracia intelectual, que es la que da los fallos definitivos, y a quien no es fácil seducir con músicas sentimentales y modos patéticos, excelentes para merecer la conmiseración de los demás, que juzgan por el atractivo que sienten por las rimas de amor y de dolor —más o me nos sinceras— pero inútiles para merecer un puesto en los ágapes de los altos círculos de arte, donde se exigen nuevas orquestaciones verbales, sentires más profundos y refinados y un sólido saber ecléctico, que sea como la quintaesencia de las literaturas madres y de sus hijas, para que el poeta sea —a la vez—como nuevo y como viejo, como sencillo y como complicado, como local y como universal, de tal modo que logre asimilarse muchos estados de alma, para conseguir la total y nueva adición de la suya.

Julio Flórez es, en mi sentir, un poeta de transición, un tipo literario intermedio, lo cual es un grave defecto en esta época de personalidades definidas en que se queda uno, o en la maciza fortaleza de la retórica tradicional, o se atreve —explorador audaz— por las jóvenes selvas de la lírica contemporánea.

No es un clásico, ni un romántico absoluto, ni menos un modernista. Dice su congoja, canta su placer, refiere la novela de su alma en versos sonoros, a veces muy incorrectos. Eso es todo. Parece completamente un extraviado de la literatura hispanoamericana actual, donde —de diez años atrás— se manifiesta una orientación definitiva. Quizás no tenga la culpa de andar perdido con su laúd de trovador provenzal a cuestas, por teatros y salones, cosechando una gloria fácil y barata; mas su bulliciosa jira puede convertirse en un silencio de sepulcro, como les ha sucedido a varios de su casta, con más ingenio que él; y en sus coronas, que él supone de oro puro y definitivo en breve aparecerán el cobre de su veta literaria y el oropel de su inspiración hueca y pomposa. Que es un poeta, tal vez y sin tal vez; pero jamás un gran artífice del verbo, un revelador de nuevos ritmos y valores, como ha dado a entender la crítica, roma y miope, de algunos entusiastas.

Compárese la floración mórbida de sus versos amargos y maldicientes que brota a la orilla del manantial turbio y salino de su espíritu atormentado, con la magnífica obra de Guillermo Valencia, hombre de un saber hondo, de una admirable cultura, de una potente cerebración, y véase si aquel sepulturero de corazones podridos puede admitir paralelo con este insigne artista, que comprende el alma helénica, gusta de la apacible sencillez de los primitivos, se asimila ideas y procedimientos de todas las épocas, y hasta ha agitado, en una soberbia oda, la tea crepitante del anarquismo, apagándola a los pies de Jesucristo. Aunque Valencia no hubiera publicado más que Ritos, quedaría siempre como un gran poeta y un ilustre artista de la palabra, para quien la rima no tiene secretos, ni la literatura cármenes vedados, ni sorpresas la filosofía, desde Platón hasta Kant, desde los místicos hasta el autor de Así hablaba Zarathustra.

El poeta moderno no debe ser una especie de juglar, sino un gran silencioso y un gran desdeñoso, para quien el arte sea una cosa hierática y la poesía una religión suprema. Su Pegaso no parecerá caballo de circo, ni pacerá en la plaza pública, sino que ha de ser un bello monstruo para devorar cielos y comer estrellas. Porque el poeta de hoy es el vidente de antes, misterioso y taciturno, atisbando los movimientos de su siglo, siempre un poco lejos de la multitud. Nada de exhibicionismo, nada de pose. Y debe comprenderlo y saberlo todo: desde la poesía védica, de leche y de miel, hasta la lacrimosa saudade de Alfredo de Musset; desde los rotundos exámetros de Homero, hasta las sugestivas músicas de Paul Verlaine; desde los majestuosos dísticos de Firdussi, donde trotan los elefantes guerreros y hay batallas de héroes y mágicos, hasta las amargas ironías de Enrique Heine; desde los salmos de David, concisos y vibrantes, hasta los dolorosos poemas de Edgardo Poe...

En la gira que ha emprendido, recoja Flórez opima cosecha de aplausos y laureles; mas no se olvide que en la América española hay cincuenta que valen más, infinitamente más que él; pero cuya serenidad y aislamiento mentales, los ponen por encima de bullicios y exhibiciones, que repugnan a la altiva aristocracia de su mente y al exquisito pudor de su ingenio.

PREFACIO A LA NOVELA *"ANNABEL LEE"*, DE FROYLÁN TURCIOS

I

Es en París, en un cuarto de hotel, mientras la gran cosmópolis ilumina feéricamente sus calles, realzadas por los simulacros de los héroes del pensamiento y de la acción, donde trazo el prólogo de este idilio de amor. De amor y de dolor. Si comprimís el libro en vuestras manos, en una hora de meditaciones, quizás tomaría la forma de un corazón, tan enorme cantidad de ternura y de amargura hay en sus páginas. No os imaginéis que su autor tiene esos dolores ancestrales, producto de secretos atavismos; ni que ha sido atormentado por esas penas vergonzantes de las razas envejecidas y empobrecidas por una larga serie de crímenes y locuras. El libro es un desbordamiento de lágrimas sinceras: las veréis correr en algunas de sus páginas, mas a veces son tan dulces y a veces tan amargas, tan salidas de los más profundos pozos del espíritu, que no hay mujer que, en la primavera de su existir, no quiera abrevarse lentamente en ellas, como una corza sedienta en las frescas aguas de un manantial perdido en el riñón de las sierras. Llora el poeta sobre sus enfermas ilusiones; pero su llanto no os quemará como un ácido corrosivo, ni os envolverá en una atmósfera de melancólicas añoranzas. No es su tristeza la de Leopardi, cuando, en una tarde de fiesta, día a lo lejos la canción del artesano que le recordaba las alegrías de un paganismo remoto, ni la de Byron, sentado a popa, frente al mar turbio e inquieto, sin más consuelo que los ojos vidriosos de su mastín, mientras se alejaban, en la bruma llena de gaviotas, las costas hostiles de Inglaterra, donde se quedaban su mujer y su hija, que nunca jamás volvería a ver; ni es la del Dante de la *Vita Nuoca,* en su fresca y sonrosada mañana poética; ni la de ninguno de esos grandes poetas malditos que, renegando de la vida, o emborrachándose de tinta o de alcohol, se entregan a una muda desesperación, que les consume como una fiebre, o se escapan de la vida por la puerta falsa del suicidio. Honda, ciertamente, es la tristeza de Turcios; mas es tan sincera, tan bien sentida y tan real, que, si tenemos un poco de imaginación y de espíritu, es imposible que no nos conmovamos profundamente al ver des arrollarse ante nuestros ojos uno de los idilios más frescos y, sobre todo, más verídicos que ha tenido por cuadro el fragante edén de la naturaleza de los trópicos. Porque tal idillo no puede suceder más que en un país de sol, de corrientes y de perfumes. Ponedlo, verbigracia, en una gran ciudad, en Nueva York, en Londres o en París, y tendréis una historia de amor como muchas, digna de una novela por entregas o de las columnas folletinescas. Es necesario, pues, para comprender ese idillo, imaginarse la naturaleza que le ha servido de marco, las circunstancias ambientes que han rodeado a la pareja de enamorados, el medio local y hasta el carácter íntimo de los protagonistas. En ninguna de esas ciudades puede verificarse lo que se narra en estas admirables páginas de amor y de ensueño. La lucha terrible por la vida, el doloroso refinamiento de la civilización, el estado morboso de supersensibilidad del hombre y de la mujer, son óbice para concebir un poema semejante que necesita de un medio bien diferente del trabajado por los siglos y las razas. Para que Lamartine pudiese escribir *Graziella,* tuvo que ir a buscar una isla de coral, un caliente rincón madrepórico en el fondo del radioso Golfo de Nápoles, sembrado de islas de tabula y de leyenda, como aquellas en que se estrellaba el barco de Simbad, y donde entre unos pescadores sencillos y fanáticos, podría encontrar la casta virginidad de su amada, defendida por los frescos azures de los amaneceres y las sales de las brisas del Mediterráneo, que mecieron las naves dóricas y las galeras latinas El abate Prevost, por un momento nos logra conmover con los amores de un petardista y de Manon Lescaut, macerada y envilecida en todos los lechos de alquiler; pero para que su novela no acabe cómicamente con un desenlace de hospital, impregnado de ácido fénico, tiene que enviar a su heroína en el vil cordón de las prostitutas, después de cercenar su cabellera en la fría estancia de un jugado, a morir en los silenciosos páramos de la Luisiana, sin más sudario que las arenas del yermo. Chateaubriand colocó a Atala y René, no precisamente a orillas del Sena, sino a la ribera del Mississippi, arrullado por el gigantesco rumor de las selvas vírgenes, y donde las tribus aborígenes, empenachadas de plumas de águila, bautizaron sus hijos y abrevaron sus fauces. Bernardino de Saint-Pierre hubiese caído en ridículo cuando, queriendo entretener a la frívola corte de Versalles, harta de minués y de profecías de salón, hubiera compuesto un poema de pastores bajo las umbrías de los Trianones que cubrieron las meditaciones de Ronsard, y que, muchos años después, evocara nostálgicamente el autor de *La Sagesse,* el infeliz Verlaine, el más ilustre y desventurado de los anfiones de la Francia contempora nea. Sain-Pierre necesito, para refrescar los espíritus atediados de su tiempo, llevarlos a una isla lejana, de grandes árboles melodiosos, poblada de antílopes y de cabras, donde una pareja de niños se besaría bajo un cielo libre y en medio de una naturaleza libre. Pero, ¿a qué seguir? No hay poeta en Francia, desde Víctor Hugo hasta Esteban Mallarmé, que no haya aspirado, desde el seno de esta cultura artificial, a esos países remotos de climas templados y muelles, de sangres cálidas y de pasiones violentas, donde el amor no se finge, ni los besos se ponen en almoneda. Todos ellos, desde la mitad del siglo XVIII hasta la del siglo XIX, parece que, desde el bufete de su cuarto de trabajo, aspiran con melancolía, bajo la sugestión del ensueño, a esas tierras de ultramar, penínsulas de encantamiento, islas rientes y aromadas, tierras de miel y de leche, donde el amor todavía se presenta como en los tiempos felices del mundo, cuando los refinamientos de la cultura no habían prostituido la sagrada pasión, y los códices no habían puesto un valladar entre los sexos. Recordad a Víctor Hugo hablando de Tahití, de esa dulce, tibia y muelle Tahití, cuando los europeos no la habían deshonrado con sus crímenes, sus enfermedades y sus alcoholes; a Mallarmé, harto de bibliotecas y de amores fáciles, sintiendo que le llegaba un soplo de brisa marina, sugiriéndole la visión de una isla remota, perdida en los mares del trópico, coronada de cocoteros y de árboles de pan, en cuya ribera armoniosa canta el agua azul, los mariscos semejan flores vivas y hay grutas de las que salen cascadas diáfanas y dulces. Todos los poetas, y especialmente los de las razas cansadas y viejas, tienden, en ciertos momentos nostálgicos, a esas tierras perdidas en remotas latitudes, donde los árboles crecen monstruosamente, las frutas tienen forma, olor y sabor extraños, los pájaros han salido de un cuento de *Las mil y una noches,* los lagos parecen copas de lapislázuli y los ríos, claros, alegres y armoniosos, reflejan las auroras y los ortos de un cielo joyante, que no ha ennegrecido todavía el humo de las chimeneas.

II

Este libro os llevará a uno de los más paradisíacos rincones de la América, donde apenas se inicia la invasión de la horda rubia, ávida de oro y de conquista. Si lo examináis bien, este idilio no se parece en nada al que se desarrolló en el Cauca. El poema de Isaacs, oreado por un soplo de la ardiente tristeza del país de las profecías y de los testimonios, como que en las venas del autor corría sangre judaica, tiene mucho de artificio, y aún es dudoso, según he leído en los periódicos hispanoamericanos, que sea real del todo. Los amantes se quieren en una hacienda que tiene el más blanco baño de cal, entre azules montañas, floridas hondonadas y bosques sembrados por las habitaciones de los siervos. Hay cacerías de tigres, paseos por las verdes sabanas, rústicos diálogos, fuertes emanaciones de las ordeñas matinales, que ponen una nota de égloga, pero de égloga americana, en el magnífico paisaje tropical que os llena las pupilas. La heroína ama castamente, casi infantilmente. El amado parte a Londres, a seguir sus estudios de medicina. Ella, en la ausencia, muere de pesar. Recordaréis, en las páginas finales de la novela, la llegada de Efraín por el Mar Caribe, el Mar Indo, como lo llama el poeta. Las ondas adormecidas bajo la luz de una maravillosa puesta de sol; el puerto ardiente, retostado por mediodías llameantes donde el administrador, obeso y congestionado como un pavo, convida a comer al joven viajero, entre alegre charla de recuerdos. Bogas que van cantando por el rio, bajo los árboles donde cuelgan viscosas culebras; canciones negras de una infinita tristeza, dichas al fulgor de la luna que argenta las aguas gemebundas; Cali, a los lejos, envuelta en el silencio de la noche. Todo eso veréis en el idillo del poeta colombiano; mas, con un poco de comprensión literaria, puede que os choque el lenguaje y hasta la pobreza del estilo, porque el autor de Saulo no era un prosista, en el verdadero sentido de la palabra. De ningún modo trato de discutir la legítima gloria que le corresponde; pero una parte de ella, en nuestro pensar, consiste en haberse adelantado a los demás, dándole nueva forma a un tema tan gastado, que resultaría vulgar si no tuviera por fondo una naturaleza virgen y exuberante.

III

El novelista hondureño os colocará en un rincón de nuestro país, que nada tiene que envidiar al más florido rincón del mundo, y desarrollará ante vuestros ojos un idillo, sin ningún recurso de artificio, porque es profundamente verídico. No inventa, narra. Tal vez su prosa no esté a la altura de aquella mediocridad de que se lamentaba el poeta de Las Noches, ni guste a ciertos lectores acostumbrados a la ilusión de las mentiras folletinescas. Turcios, sobre todo, es soberanamente artista, lo cual consiste en darle al símbolo su valor secreto y a la palabra su valor legal. Eso, en cuanto al rebuscador de imágenes y al paciente artífice de rimas. Respecto al poeta, es decir, respecto al hombre sentimental, de corazón rebosante de ternura, la cuestión varía. Veréis un ser delicadamente tierno, tal como se concibió en el alba de la revolución romántica. Un hombre así está admirablemente preparado para vibrar al influjo de toda clase de emociones. Imaginaos un poeta, no precisamente un poeta fabricador de jarabes y de venenos para organismos gastados, sino absolutamente natural, sin que esté destemplada una sola cuerda de la lira de sus nervios. Este hombre, después de largos días y noches de hondo sufrir, escribe con la savia de sus venas o con el licor que brota de sus ojos, toda una serie de terribles meditaciones y sensaciones, por las cuales ha pasado su espíritu inquieto, como un siervo por la sala de tormento de un barón feudal. No narra dolores mentidos, no es engaña, ni engaña a nadie, sino que suelta, con una humildad orgullosa, su narración, vivida y ardiente, tal como un Petronio que se abriese las venas en el agua tibia de su baño. Sus lágrimas, ciertamente, no son esas que caen tranquilamente de los párpados, en la hora de las felices remembranzas, como las lágrimas dulces que derrama Tennyson, evocando melancólicos recuerdos: sus lágrimas son de sangre, y en esa sangre moja la pluma. Hondamente sincero es su llanto y nace de las más herméticas fuentes del corazón. En obras de la naturaleza de la que vais a leer, no se comprende que se escriba de otro modo. El poeta, y cuando digo poeta, me refiero al hombre superior, es decir, en su grado máximo de sensibilidad, no quiere quedar bien con sus lectores, no escribe de cara al público, porque éste, en semejantes ocasiones, es del todo indiferente a los dolores personales, que sólo atañen a una individualidad aislada en las muchedumbres. Cuando un excelso poeta como Turcios, acostumbrado a la interrogación de esfinges y a los secretos de la mecánica del verso, muestra al público las vergüenzas de su espíritu, no lo hace precisamente para seducirlo, ni para enternecerlo, porque eso es completamente secundario para él. Imaginaos un instante a Musset escribiendo *Rolla* para entretener a los fumistas de los bulevares de París. Pues sería simplemente ridículo. Jamás pensó el poeta de *El Sauce* en que la dama tal o cual se iba a conmover leyéndolo antes de dormirse, o que iba a entretener sus ocios hojeando sus versos en un vagón de ferrocarril, o en la intimidad perfumada de su alcoba. Musset no se imaginó semejante cosa. Producto como era de una civilización decadente y sintiendo en su espíritu el enorme peso de lo infinito, en un momento único de su vida, se sacó, como dijo Hipólito Taine, el corazón del pecho, enseñándolo a las multitudes, sangriento y palpitante. Su grito, que escucharán los siglos cuando nadie se acuerde ya de los bárbaros alaridos de Aquiles en las riberas del Escamandro, repercutió y seguirá repercutiendo en los oídos de los hombres, porque fue tan grande, tan dolo roso, tan profundamente humano, que nosotros, seres de clima, de raza y de civilización distintas, pare ce como que de repente lo escucháramos, llenos de sobresalto, entre el alegre rumor del nocturno Paris. ¡Cuántas veces, vagando sin rumbo fijo por esta ciudad, nos hemos metido por una de esas obscuras callejas, recordando al poeta inmortal que ahora duerme en el Pere Lachaise, a la sombra de un sauce americano, mostrando al sol de otoño su faz triste y tediosa, cincelada en mármol, de Cristo del Arte y de la Gloria! Las baldosas están desniveladas y lavadas por las lluvias; arriba, en un tercero o cuarto piso, en un halcón carcomido y desquiciado, que injuriaron los duros inviernos parisienses, languidece una maceta de flores. Pan, en el crepúsculo indeciso, una banda de músicos haraposos y medio borrachos; siluetas de mujeres sospechosas acechan al transeúnte extraviado, le instan con voces que recuerdan la cerveza y el aguardiente de los últimos cafés, Pues bien, de ese balcón miserable, de esa sucia vía, de donde suben malos olores, sale un soplo de ardiente poesía, que recuerda al blondo poeta divino. El vio eso con sus grandes ojos pensativos, él quizás transitó por ese callejón olvidado; él, probablemente, después de pasar una noche insomne al lado de una mujer fácil, se asomó a esa ventana y cortó una flor de ese tiesto; él, de seguro, en uno de esos lívidos amaneceres en que el cielo pone toda su infinita angustia sobre los empedrados de las grandes ciudades, se asomó a la ventana, desmelenado, ojeroso y pálido, mientras la amada de una noche dormía sobre los ajados almohadones; y allí, en un momento, harto de carne de alquiler, harto de su siglo, harto de su civilización, harto de la vida y de la naturaleza, concibió, recogiendo en sus versos toda la ventura y toda la desventura de su tiempo, ese poema maravilloso de Rolla, que los hombres repetirán eternamente, mientras les quede un poco de sentimiento en el alma. Esa es la gloria, la gloria verdadera, la única gloria literaria; el ser sincero, en un momento dado, sobre todas las cosas, sobre todos los intereses y sobre todos los prejuicios.

IV

Yo creo a Turcios profundamente sincero, no sólo porque he tenido ocasión de conocerle casi fraternalmente, sino porque cosas como las que él narra no se pueden inventar de ningún modo. Él, como versificador, y que lo es magistral, tanto como los mejores poetas hispanoamericanos, podría recurrir al artificio del verso, presentándonos una deslumbrante pirotecnia de rimas. Puede darnos, en los más difíciles metros, muchos estados del espíritu, estados casi pasajeros, que apenas dejan huella en el alma de los lectores. Esta cualidad concluye por ser un defecto, porque el poeta juega con las palabras, extrae del idioma toda la esencia sinfónica, nos asombra por el arte y el refinamiento; pero no nos causará una emoción honda, algo así que nos deje meditando con el corazón herido y las entrañas palpitantes. Para que la emoción resulte de verdad, debe generalizarse. El poeta, si llora, debe hacer llorar a los demás; si ríe, debe hacer reír a las muchedumbres. O para hablar más claramente: debe ser profundamente humano.

Ahora bien. Este libro es profundamente humano, porque ha sido vivido y sentido; no es su autor un actor que recita de memoria un trozo de poesía sentimental, con el oído puesto a la voz del apunte; ni es un cómico que gesticula lloriqueos en el proscenio de un teatro. Él ha gozado y sufrido con lo que va narrando: torturas horribles le han macerado el corazón, y tiene, primero como hombre de letras, y luego como hombre, el derecho de transmitir sus emociones, de narrar sus amores, de enseñar su alma en toda su desnudez, tal como Rousseau tenía el derecho de ser franco hasta la crudeza o Amiel de mostrar los secretos resortes de su espíritu.

No es porque se crea un hombre escogido para predicar un evangelio de sentimentalidad, sino porque es una parte de la humanidad que sufre y que goza, un número de la legión de todos los que han estado enfermos de amor, de dolor y de ensueño.

Don raro es este de poder transmitir, valiéndonos de la pluma, toda la alegría o todo el pesar que llevamos adentro. Porque todos sueñan, todos han amado, aman o amarán; pero ¡cuán pocos pueden comunicar a los demás esa saudade que llena el espíritu de todos los que están bajo el influjo de la más poderosa y ardiente de las pasiones, sobre todo, cuando el obstáculo, en cualquier forma, se presenta en el camino de la dicha!

No tengo la cualidad de la adivinación y, por consiguiente, no sé cuál será el desenlace verdadero de este idilio. Tengo fe, eso sí, en el carácter de Turcios; le creo capaz de cualquier esfuerzo supremo para conseguir un fin: me parece que, por un acto de retrospección, y un anhelo de aventura, ha ido en la carabela de Gama hasta Goa y ha encendido con su hacha una de las naves de Hernando de Cortés; pero me temo que esa misma voluntad enérgica le lleve al triunfo que anhela, y que el desenlace del idilio no sea una historia de llanto, que envuelva en melancolía a las lectoras, sino que se verifique ante el altar incendiado de cirios de un templo, mientras en el aire matinal repican las campanas de oro, y vuelan las palomas, y pían las golondrinas, y se deslíe en el ambiente un aroma de azahares y de rosas blancas. Réstanos ahora hablar del medio en que se desarrolla la novela, y del autor. Los curiosos perdonarán si apenas nos ocupamos de la heroína, tanto por un secreto pudor literario, como porque el poeta se encargará de hacernos un retrato definitivo de ella. Sin embargo, haré el esfuerzo de bosquejarla en unas pocas líneas.

V

¿Habéis evocado una de esas leyendas antiguas, uno de esos romances que tienen sabor de vino añejo y que están como aromados de un perfume pretérito? Pues ella —Mignon, Ofelia o Margarita— gentil que pudiera ser una castellana, en la flor de la primavera, asomándose, envuelta en la luz perla de una noche plenilunar, sobre un abismo de fosos. La castellana tiene una magnífica cabellera de oro ahumado, unos ojos inmensos de un primitivo candor, y manos y pies finos, que denuncian un ilustre abolengo.

Esa cabellera, rica y undosa, bien pudiera flotar bajo los álamos de un castillo de ensueño; esos ojos están hechos para contemplar las estrellas o anegarse en la tranquilidad de los azures vespertinos; esas manos pudieran tejer coronas entre los cálices de los jardines feudales; y esos breves pies, dignos de posarse en un zócalo, apenas harían ruido deslizándose sobre las viejas alfombras traídas de los felices pillajes de Oriente. Toda ella respira una atmósfera de virginidad y de inocencia, evoca las expresiones extáticas de los cuadros de Fra Angélico; puede hacer florecer bajo sus ojos los lirios de David y las rosas de María; y decidme si este poeta hispanoamericano, tan sensitivo en su juventud como el Dante de la Vita Nuova, no tuvo razón de enloquecerse, de postrársele de hinojos, de entregarle todo su tesoro de rimas y de sueños, cuando, en un día de amor, en que sentía la presencia de Dios y el poder de la

Naturaleza, la vio aparecerse en un claro de la Selva Obscura de su vida, cargados los ojos de promesas y los labios de ósculos vírgenes, y lo olvidó todo, lo que amaba y lo que había amado, quedando, desde entonces, como bajo el poder de un divino encantamiento, gozando de una existencia de ensueño, perdido en el jardín del más ardiente de los amores, donde el agua de las fuentes es de oro, los pájaros hablan un celeste lenguaje y los árboles susurran melodiosas músicas.

VI

El medio en que se desarrolla la novela supera a todas las imaginaciones de los poetas de los siglos XVIII y XIX. Pensad en el más bello rincón del trópico, en un país de grandes bosques y de ríos rumorosos, de álveos lentejueleados de arenas de oro.

Una primavera bien distinta de la que conocéis en Europa, reina allí. Las selvas, como salidas de un baño matinal, están eternamente frescas, como si el rocío del paraíso cayera sobre las copas de sus árboles. En las grandes pozas de los ríos, entre las grises rocas que se sepultan en sus orillas, rebullen peces iguales a vividos joyeles; las cascadas, saltando armoniosamente entre los peñascos, ruedan en despeñamientos de ópalo, mientras plantas extrañas, en forma de parásitas o de extravagantes lianas, se inclinan sobre el vértigo como queriendo seguir el curso del proceloso torrente. En los recodos de los caminos, a veces blancos bajo el sol del estío, a veces perdiéndose en las cañadas profundas, a veces trepando y ondulando por las cuestas pedregosas, hay trechos de sombra, manchas de verdura, pozos agujereados en la piedra viva, donde el caminante, mientras hace trotar sus recuas, azuzándolas con un látigo con un grito, sestea un rato, bebe agua en las palmas de las manos, y toma un poco de aliento, para seguir su marcha por las abruptas serranías, bajo los tórridos soles implacables.

Veréis, en cuadros hechos con pincel único, las haciendas

patriarcales alzándose en las inmensas llanadas, donde mugen, a la hora religiosa del crepúsculo, las numerosas vacadas; lunas llenas, plenilunios en los que no ha soñado un astrónomo de Capri o de Greenwich, lunas llenas infinitamente crecidas, infinitamente tristes, infinitamente pálidas, como si fueran visionarios discos de plata o grandes manchas rielantes de azogue, iluminan paisajes extraños, aglomeraciones de montañas, colinas graciosamente agrestes, prados y sotos, en cuyos céspedes, ricos en orozuz y en briznas jugosas, triscan los ciervos monteses, que bajan maliciosamente de las espesuras a los verdes frijolares, o saltan los tímidos conejos que, a la hora matutina, o en una dulce puesta de sol, escapan rápidamente entre las altas yerbas, mientras de lejos los perros campesinos, presintiendo la presa, ladran ruidosamente al viento o tratan de saltar sobre las cercas.

Del fondo de los bosques os viene un aroma de colmenas, con un amoroso arrullo de palomas rústicas: palomas azules, de ojos de topacio, con gorgueras cenicientas; palomas que tienen alas de golondrina, para volar fugitivamente sobre los campos o buscar el amparo de las ramas frondosas, y palomas diminutas que, a lo mejor, al paso de las caballerías o del cazador furtivo, vuelan en bandadas armoniosamente de los rastrojos, ganan las inabordables espesuras o se esconden en los piñuelares, que erigen al sol sus espadas de púas. En esos bosques las víboras parecen joyas, tan encendidos y esmaltados son sus colores; las lianas se entremezclan como hebras de magníficas cabelleras; los árboles centenarios, robles y encinas, dejan colgar de sus ramas las parásitas, que semejan las barbas de un rostro homérico; barbas grises de Alcides o Agamenones; pájaros donde riman los siete colores del iris; pájaros de todas formas, de todos tamaños, azules unos como el zafiro, rojos otros como el rubí, verdes otros como la esmeralda, amarillos otros como el topacio, negros otros como el ónix, os saludan con una armoniosa algarabía, pueblan las copas de los árboles, buscan los insectos en los troncos, vuelan sobre los arbustos, saltan en las veredas y en los caminos, huyen ante los ojos del viajero fatigado. Una atmósfera cálida, semejante a una gigantesca y fina red de oro, envuelve ese paisaje de montes, llanos y ríos. En el fondo de las selvas intrincadas, los palmirales alzan a las nubes su follaje de oriflamas y abanicos, entre los cuales resaltan racimos de nueces: nueces grandes y cabelludas que encierran una pulpa substanciosa y un licor semejante a la leche de Juno; nueces más pequeñas encerradas en una sólida y dorada corteza; nueces extrañas, recalentadas por los eternos mediodías, que producen raros aceites, propios para las cabelleras de las razas cafres. Son los cocoteros, los coyolares, los corozales, toda esa flora de tierra caliente, de que apenas se tiene idea en Europa; flora esencialmente de aquel divino rincón de América. A veces, en uno de los claros del bosque, unos cuantos árboles están tendidos en el suelo con una incisión hecha por el hacha de los campesinos. Brota de la herida un vino generoso, un champaña natural, que todavía no ha calentado las venas de los europeos. En esa tierra de bendición todo está como salido de las manos del Creador; los caminos, de una rusticidad primitiva, concluyen a la orilla de los torrentes y de las quebradas; el agua de los manantiales de las montañas no se ha envilecido en los tubos de hierro de las cañerías; las cascadas espumantes no dan su fuerza a las máquinas de las fábricas, apenas de trecho en trecho, la tierra ha sido roturada; un ambiente patriarcal envuelve las haciendas y los predios; las llanuras apenas han sido divididas por las cercas; los rincones de idillo no han sido vedados del todo por la rapacidad y la soberbia de los terratenientes; el pobre campesino puede alzar libremente su choza en la ladera del monte, y no hay quién no tenga una piedra dónde reclinar su cabeza, ni una vaca que ir a buscar a la hora del crepúsculo. Tal es el medio en que este poeta, tan profundamente refinado y tan profundamente primitivo a la vez, desarrolla su idilio, claro y dulce como un manantial, grato como un vaso matinal de leche y refrigerante como un baño a la sombra de los copados árboles de un río. No lo concibáis fuera de allí, porque no tendría razón de ser en otra parte. Es necesario esa naturaleza, esos bosques, esos ríos, esos soles y esas lunas, esa vieja Juticalpa dormida bajo un siglo de aguaceros; todo ese medio, en fin, singular y primitivo, ingenuo y dulce, para comprender esta amable novela, tan intensamente real, tan hondamente sentida, escrita con gotas de llanto y gotas de sangre, a través de los mares procelosos y de las ciudades de la envejecida Europa.

Sólo allí, en ese lugar edénico, puede concebirse y verificarse semejante idilio. Ni Saint-Pierre, ni Chateaubriand, ni Lamartine, han tenido un fondo de naturaleza semejante, digno de la historia de amor, nacida y desarrollada en el periodo crítico de la sensibilidad y de la juventud del autor. Momento que lo ha aprovechado Turcios por manera admirable, porque ha puesto en él todo el enorme caudal de ternura que contiene su espíritu. Reconozcámosle la dicha de haber guardado, casi prístinas, es decir, casi puras, las fuentes del amor, desgraciadamente segadas y envenenadas, como por las fauces de las bestias antiguas, por las tenebrosas filosofías de este siglo.

<h2 style="text-align:center">VII</h2>

Algo tengo que decir sobre el autor. Turcios es un emotivo. Las sensaciones llegan a él del medio a su personalidad. Por eso ha de sorprender la exactitud de los paisajes y la veracidad de las escenas que pinta. No es simplemente un pintor descriptivo o un paisajista como Coró. Su imaginación demasiado potente, como que es imaginación de hombre del trópico, le llevará a presentaros una naturaleza tan visible y vigorosa, como no se sospecha en los paisajistas del simbolismo pictórico, cuyos lienzos se esfuman en una atmósfera de ensueño. La naturaleza de Turcios será para vuestros ojos, real y palpitante de veras, como que es un producto de la clara visión de sus retinas. Enormes manchas verdes, bloques de granito perdiéndose en los extraños follajes, caudalosos ríos ondulando entre murallas de basalto. Caminos que se pierden en el fondo de los follajes o se detienen a las orillas de los abrevaderos; pasos peligrosos, donde las ondas se encrespan y arremolinan sobre los copantes; vegetaciones mórbidas a la orilla de los ciénagos; rientes veredas, apenas perceptibles entre los espesos céspedes o internándose bajo el palio que forman los gigantescos árboles; laderas que va tiñendo de violeta el crepúsculo vespertino o que fingen pieles de tigre al ser heridas por el sol matinal; pinos y robles, alzándose entre grises peñascos, donde canta el viento su canción salvaje y se sestea en las interminables jornadas, alrededor del almuerzo rústico; la choza amiga, envuelta en las luces de la tarde, donde la campesina os sale a recibir, acallando el grito de los hostiles perros; cañaverales y platanares, maizales ondeando, cercas desportilladas por los toros cimarrones, potros corriendo en las llanuras; noches de largo soñar, pláticas a las estrellas, despertares para emprender otra vez las jornadas, todo oreado por un potente soplo de amor, de poesía y de juventud: tal es la naturaleza de Turcios. Por esos caminos ha cruzado él en el alba de su querer; a la sombra de esos pinos, armoniosos y frescos como el de Heine, ha descansado junto a la mujer querida; en el blando césped, aromado por yerbas desconocidas, reposó muchas veces, siguiendo con los ojos al trashumante campesino que con su morral a cuestas, silbaba por el camino caldeado, un aire familiar. Se ha embriagado de soles y montañas, de cielos y de perfumes salvajes. Ha yantado de las meriendas campestres, galopado por las cuestas, bebido el horizonte al galope de su caballo. Hay que seguirle en esos momentos de placer puro, de expansión del espíritu de gozoso viajar en compañía de la mujer amada. Esta ciertamente, disfruta de la más bella juventud, tiene los más floridos años, y en los hoyuelos de sus mejillas sonríen las gracias. Él, en cambio, es un hombre de un siglo aparte. Refinado por la civilización, saciándose en las más amargas ondas de las literaturas y filosofías, harto de todo, y sintiéndose horriblemente triste en el momento de aquella alegría única, debe haber meditado en que vale más un sorbo del licor del amor que todas las fuentes de las sabidurías antiguas y contemporáneas, en que una rosa seca esconde más enseñanza que un libro, y en que en amar de veras está todo el secreto de ser feliz un momento en la vida.

El poeta, para terminar, es de mediana estatura, la color morena, sin tender a obscura, como la de los moros del Generalife; ágil, con cierta agilidad felina; de miembros perfectamente proporcionados; la cabeza altiva sacude una profusa cabellera castaña; la frente cóncava se hunde bajo los rizos delanteros, denunciando un alero propicio para todas las aves del pensamiento; los ojos, de color castaño, se hunden en las lejanías del ensueño o se arropan en la bruma de la meditación interior; nariz firme y pequeña, que daría la clave de un temperamento antisexual si los labios amorosos no denunciaran lo contrario; breve de cintura, inquieto en el andar, manos y pies pequeños, maneras violentas o suaves, según las circunstancias: tal es el hombre. Sus aficiones literarias son escogidas; ama los libros bien escritos, las rimas bien hechas y los lances de epilogo trágico. Como todo imaginativo, goza del esplendor de los pasados gloriosos y saborea las dichas de un porvenir más equilibrado y más noble. Quizá su existencia hubiera sido más feliz en un mundo más aromático y superior; pero, a falta de éste, él trata de hacerse uno a su manera, labrándose, poco a poco, en las azules planicies de su espíritu, un palacio de fe, de amor y de ensueño.

IX

Refiriéndonos al artista, a veces os extrañará el modo de describir ciertos paisajes, porque tiene su visión especial, como aquel que tiene una personalidad literaria propia. Tal vez los ríos que haga ondular ante vuestros ojos, os asombren con su caudal de aguas y sus crecientes rumores; tal vez sus selvas

serán más vastas, sus llanos más inmensos y la cresta de sus
montes más atrevida; pero él, en verdad, no os quiere engañar:
es que siente más intensamente su naturaleza; que, para colocar
en ella a su amada, aumenta la sublimidad del cuadro, hace más
intensos los colores, le da más potentes relieves a la
perspectiva. Como en el cuento antiguo, tiene en sus manos,
ríos, cordilleras, prados, sotos y colinas, que va envolviendo
con la magia de su estilo y el poder evocador de su palabra. En
este fondo de edén su amada será un ave del paraíso, que
entonará la primera canción de amor en el amanecer de su vida,
posada en una rama del árbol del bien y del mal, reflejándose en
el fondo de uno de los cuatro manantiales sagrados.

X

Tal libro, sentido frente a una naturaleza joven, ingenua y
fragante, tiene que llevar un dulce soplo de poesía, aunque algo
dolorosa, sobre todos los espíritus sedientos de ideal. En medio
de esta época de guarismos, de miserias y de apetitos bestiales,
este libro será como una lluvia fresca sobre un campo de estío.
O como un vaso de leche alargado desde el fondo de una choza
a las fauces de un mendigo hambriento. O como la vista de un
campo florido, de un bosque verde y de un trozo de cielo,
después de estar un año en el fondo de una ergástula. Porque él
contiene mucho de esa ternura, de ese ideal y de ese amor que
empiezan a desaparecer en el mundo. Escrito con sangre está, y
la sangre es espíritu, según dijo Nietzsche. Escrito con sangre y
con lágrimas. Merece un puesto de preferencia en la biblioteca
sentimental de nuestro corazón.

París, 12 de octubre de 1906.

ÍNDICE